普华
PUHUA BOOKS

我
们

一
起

解

决

问

题

# 我在500强企业做采购

姜珏 著

## （第2版）

### 资深采购经理手把手领你入行

人民邮电出版社

北京

**图书在版编目（CIP）数据**

我在500强企业做采购：资深采购经理手把手领你入行 / 姜珏著. -- 2版. -- 北京：人民邮电出版社，2024.7
ISBN 978-7-115-64381-0

Ⅰ. ①我… Ⅱ. ①姜… Ⅲ. ①企业管理－采购管理－基本知识 Ⅳ. ①F274

中国国家版本馆CIP数据核字（2024）第092158号

## 内 容 提 要

采购在企业经营管理中发挥着重要作用，做好采购工作可以帮助企业降本增效，获得更多的利润和更好的发展。

本书详细介绍了采购入门必备知识和职业生涯规划；重点讲解了一系列实用的采购技巧，包括询价与成本分析、竞争性谈判、合同风险规避等关键技能；强调了品类管理的重要性，教读者如何有效管理不同种类的采购项目；分享了成本降低策略和风险规避方法，帮助读者在保证供应链效率的同时控制成本和减少潜在风险；阐述了如何选择合适的供应商，建立良好的供应商关系，进行供应商评估和考核。另外，书中还提供了大量的实战案例、延伸阅读和充满启发性的小故事。

本书适合各类企业的采购及供应链管理人员阅读，也可作为采购人员培训的参考读物。

◆ 著　姜　珏
　　责任编辑　程珍珍
　　责任印制　彭志环

◆ 人民邮电出版社出版发行　　北京市丰台区成寿寺路 11 号
　　邮编 100164　　电子邮件 315@ptpress.com.cn
　　网址 https://www.ptpress.com.cn
　　北京天宇星印刷厂印刷

◆ 开本：700×1000　1/16
　　印张：18　　　　　　　　　　2024 年 7 月第 2 版
　　字数：350 千字　　　　　　　2025 年 9 月北京第 3 次印刷

定　价：79.80 元

读者服务热线：（010）81055656　印装质量热线：（010）81055316
反盗版热线：（010）81055315

# 前言

2019 年《我在 500 强企业做采购：资深采购经理手把手领你入行》第一版问世，至 2024 年再版，该书已经伴随众多读者度过了 5 年的时光。在这 5 年间，世界发生了很多变化。在供应链领域，**采购管理正从传统的事务性职能向主动的战略性职能转变**，人工智能技术的高速发展正在推动采购管理**从信息化向数字化转型**。企业需要更加**集中、专业、标准、高效、合规、智能**的采购管理体系，并具备更强的**抗风险能力**。

考虑到近 5 年来企业在采购管理方面的新诉求，我决定对《我在 500 强企业做采购：资深采购经理手把手领你入行》一书进行改版。这次改版旨在保留原书的核心价值，并**引入最新的采购管理知识和案例**，从而使内容更加切合企业的需要和读者的期望。

全书共分为 9 章。第 1 章主要介绍采购入门必备知识和采购的职业生涯规划；第 2 章、第 3 章、第 4 章和第 5 章主要介绍实用的采购商务知识和解决日常工作问题的案例；第 6 章、第 7 章和第 8 章主要介绍采购战略分析技能和运营管理方法；第 9 章主要介绍采购领导者应具备的管理知识和提升部门绩效的方法。

全书知识体系如下图所示。

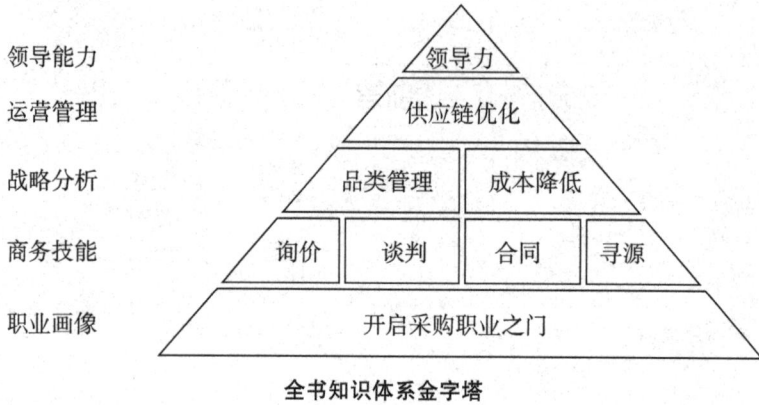

领导能力　　　　　　　　　　领导力

运营管理　　　　　　　　　供应链优化

战略分析　　　　　　品类管理　　成本降低

商务技能　　　询价　谈判　合同　寻源

职业画像　　　　　开启采购职业之门

**全书知识体系金字塔**

读书点亮生活。

希望读者们把这本书放在手边，不时翻看，学以致用，最终成长为卓越的采购实战家！

姜珏

2024 年 3 月 30 日

# 目录

第 1 章

**开启采购职业之门**

**采购学属于管理学的范畴。**

它没有一加一等于二的严密逻辑，而是一个充满"噪声"和"干扰"的管理系统。它没有适用于所有场景且每次都行之有效的方法，而是一套对工作有指导意义的方法论。因此，**做好采购工作的关键在于学会解决问题的过程和方法。**

本书的重点不在于传授复杂的理论知识，**而在于通过大量的案例教会读者如何做好采购工作**，切实提高解决实际问题的能力。

本章是笔者专门为采购初学者编写的内容，目的是帮助读者了解采购工作的重要性和特点，采购从业者需要具备哪些素养，以及有哪些职业发展道路可供选择。本章还通过一则小故事鼓励采购从业者，无论面对多么大的挫折都要奋力前行。

## 1.1 采购工作的重要性

采购部是管理公司支出的重要部门，具有**保障供应、控制价格、降低成本、鼓励创新、监督合规**的职能。

关于采购工作的重要性，通用电气前 CEO 杰克·韦尔奇先生曾经说过："在一家公司里，采购和销售是仅有的两个能够产生收入的部门，其他任何部门发生的都是管理费。"

假设某公司一年的销售额是 1 000 万元，其中采购额占比为 50%，即 500 万元，利润额占比为 5%，即 50 万元，如表 1-1 所示。

表 1-1　采购额与利润额占销售额的比例

| 销售额 | 采购额（占比为 50%） | 利润额（占比为 5%） |
| --- | --- | --- |
| 1 000 万元 | 500 万元 | 50 万元 |

当销售额上升 10% 时，利润额会上升 10%，即 5 万元，如表 1-2 所示。

表 1-2　销售额上涨 10% 时

| 销售额 | 采购额（占比为 50%） | 利润额（占比为 5%） |
| --- | --- | --- |
| 1 100 万元 | 550 万元 | 55 万元 |

当采购额下降 1% 时，利润额同样会上升 10%，即 5 万元，如表 1-3 所示。

表 1-3　采购额下降 1% 时

| 销售额 | 采购额 | 新增利润 | 利润额 |
| --- | --- | --- | --- |
| 1 000 万元 | 495 万元 | 5 万元 | 55 万元 |

在这个案例中，采购额下降 1% 和销售额增长 10% 对公司利润额增长的贡献是一样的。可见，采购部为公司节省的每一分钱都是利润。

因此，公司要重视采购部对利润的贡献。与其费尽心力追逐销售额的增长，倒不如给采购部更多的资源，让采购部发挥更大的作用。

## 1.2　采购工作的特点

长期从事采购工作的人一般具有以下 3 个特点。

### 1. 合规性

采购新人入职后第一堂培训课的主题就是合规。在采购的整个职业生涯中，合规性始终占据最重要的地位。这样做合规吗？这是采购开展任何工作之前都要思考的问题。

### 2. 保守性

采购在做任何决策时都不能冒险，因为采购的任务是维持供应链的稳定性和降本的持续性。当有新供应商报出超低价时，采购不应兴奋地向上级报喜，而要判断降本能否持续，超低价是否真实。

### 3. 被动性

采购的工作应以听为主，避免言多必失。例如，在与供应商谈判时，采购要倾听供应商的想法和提议，而不是先亮出自己的底牌。在与陌生人打交道时，采购往往不会像销售那样热情，通常会给人以距离感。

## 1.3　采购从业者的职责和权限

在现实工作中，采购从业者经常被职责不清的问题所困扰，好像任何与供应商有关的问题都应该由采购来解决。这常常导致采购到处"救火"，自己的主要任务却没有完成。

其实，基层采购应以制定品类策略、管理需求、完成商务工作、快速开发合适的供应商、保障供应、控制价格和管理供应商为主业。采购从业者主要承担以下 15 项职责：

（1）制定和实施品类策略；

（2）收集内部客户的需求；

（3）制订采购计划；

（4）开发充足的供应商；

（5）维护合格供应商名录；

（6）评估及选择供应商；

（7）保守商业机密；

（8）下发、追踪合同和订单；

（9）管理供应商绩效；

（10）负责所有文件的存档管理；

（11）完成外购件的预算节约；

（12）协调解决外购件的供货和品质问题；

（13）制订与实施降本计划；

（14）处理紧急采购事务；

（15）完成上级交办的其他任务。

在承担以上 15 项职责的同时，采购人员应该被赋予以下 6 项权限，以确保职责得到充分履行：

（1）与供应商的一切商务合作的唯一窗口；

（2）合法代表甲方发布需求信息和成交通知；

（3）制定合规的采购流程并监督执行；

（4）推动跨部门协作降本；

（5）管理供应商的唯一窗口；

（6）拥有一定金额范围内的订单审批权。

只有责权明晰，采购才能有的放矢，创造最大的价值。

# 1.4 采购从业者的职业素养

采购从业者具备良好的职业素养是一切采购工作得以顺利开展的必要条件，也是采购从业者取得优异业绩的必要前提。

采购从业者应该具备的职业素养主要有以下 4 项。

### 1. 爱岗敬业

采购从业者应该对采购工作充满热情并尊重自己的职业，具备必要的岗位技能和服务意识，确保认真、完整地完成工作，在团队工作中发挥积极的作用。

## 2. 诚实守信

行为是由内心信念来支配的，信念的善与恶将导致行为的是与非。采购从业者对待工作时要做到客观公正，遵循职业道德，时刻规范自己的言行。

## 3. 执行流程

采购从业者需要为内部客户提供服务及准确的信息。保证采购工作充分可靠的唯一方法就是搭建并严格执行端到端的流程。否则，采购工作一定会陷入无序和混乱。

## 4. 终身学习

采购工作的专业化程度越来越高，采购从业者应该不断提升自己的专业素质，以便保持自身竞争力。

### 延伸阅读　采购人的"菊"与"刀"

菊，花之隐逸者也。隐是化动为静，是坚守气节与保持尊严。

刀，器之锋利者也。锋是勤于磨砺，是追求极致与冷酷无情。

"菊"与"刀"暗合采购人充满矛盾的精神状态，体现了采购人的道德观、情感圈和自我修养。

由于工作环境特殊，采购人往往祥和而又强硬，高雅而又冷酷，尚礼而又傲慢，呆板而又善变，驯服而又倔强，忠诚而又叛逆，保守而又喜新。

具体来说，**采购人在为人上追求"菊"，在处事上追求"刀"**。

### 谨记"菊"与"刀"的箴言

### 得与守

在采购的世界里要做到各守本位，

明确公司对采购工作的要求，

按照既定的秩序和流程各司其职，

完成好自己的任务就能有所得。

### 忠与逆

采购要向上级领导表达敬意，

无条件地接受上级犯的错误；

而上级领导不得侵犯采购的权益，

否则采购上诉或者离职都是正当的。

### 恩与债

在采购的世界里有明确的"恩"与"债"，

供应商帮了一个忙，就是给了"恩"，

负"恩"便有了要偿还的"债"，

采购在同等条件下推荐此供应商，就是报"恩"。

### 雅与酷

采购接触供应商高层，往往有"高雅"之情，

容易与高素质的人交朋友，向前辈学习；

但在与供应商谈判时，又显出"冷酷"之意，

明知供应商的情况艰难，也要痛下"杀手"。

### 礼与傲

采购是注重礼仪的职业，

从穿着到沟通，都注重仪态；

当供应商出错，采购又要显出"傲慢"，

训斥供应商，确保其下次不犯。

### 呆与变

要求供应商时，采购显得"呆板"，

没有商谈的余地，必须照做；

在谈判过程中，采购又显得"善变"，

根据形势变化，拿到最合适的结果。

### 软与硬

跟领导沟通时，采购显得"驯服"，

对上级绝对尊重和忠诚；

坚持自己的观点时，采购显得"倔强"，

把各方拉到己方，说服众人。

### 旧与新

快速降本，采购会很"保守"，

不愿给供应商强加压力；

技术创新，采购又会"喜新"，

全力推动，尽快实施。

### 结论

采购人要将"菊"与"刀"完美融合，

做到心中有"菊"，才能游刃有余。

## 1.5　采购从业之路

5 年后的自己应该成为什么样子？对迷茫中的采购从业者来说，这是一个值得思考的问题。

有的人会说："我的生活由别人主导也挺好，我就不用活得那么累了。"但问题是，如果你不知道自己 5 年后会成为什么样的人，别人就不知道应该怎么帮助你，你的人生就会处于停滞状态。相反，如果你有明确的目标，别人也会帮助你对接资源，你就会取得持续的进步。

如果你想走好采购从业之路，就要了解图 1-1 所示的 5 个方面。

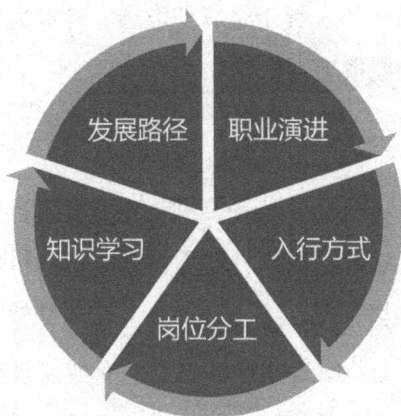

图 1-1　采购入门需要了解的 5 个方面

### 1. 职业演进

在 20 世纪初，采购这个职业在美国被称为"职业生涯的最后一站"，因为工作内容简单、重复性强。

到了 21 世纪初，世界经历了两次大的经济危机，出现了生产相对过剩的现象。当时的贷款制度有个漏洞，就是产品即使没被卖出去也能在银行做抵押贷款。经济危机改变了这一制度，工厂不再按照计划而是按照销售订单进行生产。而由于行业竞争、产品迭代等因素，市场需求是剧烈波动的，因此那种一成不变的工作方式再也不适用了。现在的采购需要根据市场需求的变化控制订货数量和交货期，开发充足的供应商资源，拿到最有竞争力的采购价格。

### 2. 入行方式

采购入行易、做好难。

第一份工作就做采购的优势是入行早，劣势是视野受到局限；从别的岗位转做采购的优势是视角多元，劣势是思维固化。究竟哪种入行方式更好？没有标准答案。

据笔者观察，**如果一个人善于组织和沟通，有能力整合其他部门一起解决复杂的问题，那么他就很适合做采购。**

### 3. 岗位分工

按照品类划分，采购岗位可以分为生产性采购和非生产性采购。

**生产性采购与供应链紧密协同，注重需求管理和供应商关系管理。** 采购需要学习早期介入、品类管理、寻源、谈判、合同管理、供应商管理乃至项目管理等专业技能，要有扎实的生产性材料的专业背景。

**非生产性采购注重满足需求和内部协同。** 采购要精通品类，具备很强的沟通能力和高情商。

按照工种划分，除了上面介绍的生产性采购和非生产性采购，采购岗位还有执行采购、项目采购和战略采购。

**执行采购是下发订单、跟踪入库、确认验收完成、提交付款申请**的采购人员，对采购执行相关流程的效率和准确性负责，是所有采购岗位中对人员技能要求最低的岗位。

**项目采购是项目经理与品类采购员之间的沟通桥梁，**在项目经理和部门经理的授权下，承担控制外购件价格、按时按质交付等任务。要想胜任项目采购工作，采购需要具备一定的项目管理知识和品类管理经验。

**战略采购（在有的公司被称为卓越运营专家）需要将采购领导者制定的战略分解到具体的人和事上，**通过收集需求数据，分析品类支出，建立成本模型，制定品类战略等手段，帮助每一位采购员制定降本方案，提升采购部门和采购人员的绩效。要想胜任战略采购工作，采购必须具备数据分析、品类管理和成本分析技能。

### 4. 知识学习

越大的公司，采购工作流程和培训机制越完善。初学者应当优先选择在这种公司工作，以便夯实基础。

但是，毕竟只有少数初学者有机会进入大公司。大多数初学者需要自学、参加培训或考取证书。例如，阅读采购管理类图书，报名学习采购管理类培训课程或者考取 CPPM、SCMP、CIPS、CPSM、EIPM 等国家或国际认证证书。

### 5. 发展路径

少数公司会设立**专家发展路径**，即采购可以成为某一品类的专家，其薪资甚至可以达到管理者的水平。

但是，在绝大多数公司里，采购只能往**管理者发展**。初学者在发展为管理者之前要接触尽量多的采购工作模块以积累经验。

### 延伸阅读 采购面试最常问的 10 个问题

如果你决定在采购职业道路上谋求发展，就免不了在公司外部寻找机会，参加面试。为了做好准备，抓住机遇，采购从业者需要了解面试官最常问的 10 个问题并掌握相应参考答案。

1. 问题：**请介绍一下您的采购工作经验和成就。**

参考答案：我在过去的工作中积累了丰富的采购经验，成功降低了采购成本，优化了供应链管理，建立了稳定的供应体系，为公司节省了大量成本。

2. 问题：**您是如何与供应商建立和维护良好的合作关系的？**

参考答案：我注重与供应商建立长期合作伙伴关系，保持良好沟通，以合作共赢为目标，共同解决问题，提高供应商的满意度和忠诚度。

3. 问题：**在采购过程中，您是如何管理成本和降低采购风险的？**

参考答案：我会通过成本分析、供应商评估、合同管理等方式降低采购成本，并通过风险评估、备货策略等方式降低采购风险。

4. 问题：**请分享一个您成功处理紧急采购需求的案例。**

参考答案：我曾在紧急情况下与供应商协商，通过加班加点确保货物按时送达，从而保障了生产进度。我也因此得到了公司领导的肯定。

5. 问题：**您是如何评估和选择合适的供应商的？**

参考答案：我会对供应商进行综合评估，包括质量、价格、交货能力、售后服务等方面，确保选出最有能力满足公司需求的供应商。

6. 问题：**您在过去的工作中是如何优化采购流程和提高工作效率的？**

参考答案：我会通过简化操作步骤，不断优化采购流程来提高效率，以确保采购工作的顺利进行。

7. 问题：**您是如何进行采购谈判的？**

参考答案：我会制定明确的谈判目标和策略，注重双赢结果，通过合理的谈判技巧达成有利的合作协议。

8. 问题：**您是如何处理供应商的质量问题和售后服务问题的？**

参考答案：我会与供应商积极沟通，要求其改进质量、优化售后服务，从而确保产品质量，提高客户满意度。

9. 问题：**您是如何管理采购项目及与其他部门的协作沟通的？**

参考答案：我会与其他部门密切合作，确保采购项目顺利进行，及时协调各方资源，共同解决问题。

10. 问题：**您认为未来采购工作的发展方向和目标是什么？**

参考答案：我希望在未来的工作中不断提升自己的专业能力，帮助公司节约成本、提高效率，成为业内的优秀采购专家。

基于以上问题的参考答案，再结合自己的**工作经验和成功案例，就能形成适合你的最佳答案，**突出你的专业能力、问题解决能力或快速提升的潜力。同时，你应该展现出对采购工作的热情和责任心，以及良好的沟通和团队合作能力。通过了解以上 10 个面试问题及参考答案，你将更易于找到称心如意的工作，在采购职业道路上不断精进！

下面是采购人员王猛面对曲折的命运，不断奋斗实现目标的小故事，希望这个故事能够鼓励采购从业者向着自己的目标奋力前行。

## 小故事 骄阳似我

上午 10 点，地表 38℃。

阳光被地面升腾着的水蒸气折射，发出刺眼的光芒。人们都躲在办公室里，整个厂区空空荡荡。

办公室里的冷气开得格外大，冻得王猛起了一身鸡皮疙瘩。"王猛，来一下我的办公室。"

王猛预想过好几种跟新任采购经理打招呼的方式，他万万没想到经理会在上班的第一天主动找他。

"王猛，我来之前已经收到了使用部门对你的投诉，我只能做出换人的决定，希望你能理解。你的试用期还没过，公司随时可以跟你解约，我劝你赶紧找工作。"

新任采购经理深谙职场之道，重要的岗位必须要用"自己人"。

这个结果超出了王猛的所有假设，他没想到在 ABC 这种老牌外企，刚刚入职 3 个月的人也会成为"改朝换代"的牺牲品。

这种把自己凌驾于他人之上、玩弄手腕的人，王猛打心眼里看不起。于是，王猛主动辞职了，一个人静静地离开了工厂。

正午时分，骄阳似火，灼烧大地。

地面上的枯叶卷曲着堆在一起，仿佛被火焰烧干的灰烬。

王猛一个人坐在咖啡厅的角落里，回忆着自己职业生涯的每一步。

2007 年，作为刚从名牌大学毕业的天之骄子，王猛入职大连的一家主营船舶配套的德资企业，成了一名采购工程师。

王猛至今仍感激他的首任领导——德国人罗伯特老先生。

罗伯特是那么友善，那么信任王猛。在 3 年的任期内，老先生手把手教会王猛所有的采购知识。

在罗伯特离任后,公司没有委派新的采购经理,而是委托王猛全权负责公司的采购工作。王猛知道自己的升迁只是时间问题。

然而,世事难料,就在公司马上要给王猛颁发任命书时,董事会传来消息,大连工厂被 STX 船厂的供应商大韩船舶全资并购,所有人事变动暂停。很快,新来的韩国管理层到岗,他们并不信任中方雇员,王猛的升职变得遥遥无期。

(时代背景:STX 造船厂于 2007 年入驻大连,带动很多韩资配套供应商在大连投资建厂或并购当地公司。)

这突如其来的厄运如同晴天霹雳。坚持还是离开,对王猛来说,这是一个问题。

"人生不会总是一帆风顺的,况且韩国人并没有调整自己的岗位。"想到这里,王猛选择了坚持。

在公司里,王猛没有流露出一丝抱怨,依然兢兢业业地做好本职工作。他的才干和忠诚渐渐得到韩国人的赏识,看起来一切又将回到正轨。

风云突变,STX 大连工厂的资金链在 2013 年断裂。大韩船舶有 5 000 多万元的货款收不回来,公司一夜之间倒闭,韩国人走得无影无踪。王猛第一次失业了!

如果换成别人,多半会怨天尤人、一蹶不振,但是王猛没有悲伤、没有放弃,而是把这次失业当成重新选择的机会。

这一次,他锁定大型外企,希望能在一个更大的平台上生根发芽,成长为参天大树。

没有想到,自己当初怀着那么大的期望进入拥有百年历史的 ABC,却连生根的机会都没有。

"天妒英才,造物弄人。"想到这里,王猛自嘲地说道。"铃……铃……"王猛的手机在响。

"王经理,我是老李,听说您工作有变动,不知道下一步怎么打算啊?"

（出于对甲方的尊重，供应商喜欢称采购员为"经理"。）

"李总，您的消息真快，我今天刚刚离开 ABC，下一步还没有想好。"王猛一边回应，一边努力回忆李总是谁。

他猛然想起，在入职 ABC 后，有一次考察一家民营工厂，曾经见过这位李总。

当时，这家工厂刚刚被李总控制的集团收购，虽然硬件设施很先进，但是管理很差劲，不成体系。

王猛把自己发现的问题反馈给李总，李总表示自己并不懂体系，于是向王猛请教解决办法。

王猛就从 ISO 9001 体系的角度，详细地向李总讲了他们缺失的管理项目，以及每一项的作用。

"我们集团正在快速扩张，现在急缺一名懂采购管理的总裁助理，您愿意考虑吗？不过需要异地工作。"

李总抛来的橄榄枝将王猛从回忆中拉回现实。"在外企只是打工，在民企可以一起做事业。"

李总的话深深地打动了王猛，如同黎明时分穿透夜空的第一缕阳光。换了工作后，王猛本来踌躇满志，想要大展拳脚，但是他很快发现集团里除了几个老好人对他还算支持，其余的中层干部都在故意设置障碍。例如，他被派去五金市场买螺丝钉和胶皮手套，而大宗原材料的采购工作仍然被几个主管研发和生产的老人把持，王猛根本就接触不到。

李总是一位不懂技术和生产的领导，不敢轻易得罪他们，但又想推动采购的正规化管理。王猛被夹在当中施展不得。

经历过人生大起大落的王猛，当然不会轻言放弃。他没有嫌弃现有的工作，即使是采购螺丝钉和胶皮手套，他也要做出成绩！

王猛改变了公司不设安全库存、采购员每天外出采购易耗品的做法，他说服一家供应商在工厂里设立寄售库，从而大大降低了采购的管理成本，大大方便了使用部门，赢得了公司上上下下的认可。

有的老人被王猛的专业能力和毅力折服，开始向王猛请教解决采购痛点的方法。之后，有的老人干脆直接把自己管理的供应商和采购工作转交给王猛。其他的老人看到势头变了，也纷纷向王猛转交采购权。

在之后一年多的时间里，王猛主导了集团的采购流程搭建工作。他通过集中采购的方式将原材料的成本降低到行业最低水平，帮助集团提升了竞争力，拿到了更多的业务。

在一个清风徐来的傍晚，夕阳给花园、广场和街道披上了金色的外衣。李总邀请王猛在五星级酒店共进晚餐。

"王猛，在我的眼里，咱们集团有三种人。第一种是没有能力还爱占便宜的人，这种人不能用；第二种是有能力但爱占便宜的人，这种人只能做到中层；第三种是有能力、有格局的人，这种人是求之不得的。你就是第三种人。我想把集团最大的工厂交给你打理，由你出任总经理！"

王猛突然觉得脸上红红的、热热的，如同心中冉冉升起、光芒四射的骄阳！

既然已经选择入行采购，笔者希望读者学习王猛的精神，面对残酷的现实百折不挠，通过学习和实践帮助公司解决问题，最终实现自己的职业目标。

第 2 章

**询价与成本分析**

笔者从事采购工作近 20 年，在最初的工作中总是试图迎合不同部门的需求。例如，生产部门总是想要最优质的物料，销售部门总是想要最低廉的价格。面对不同的需求，笔者只能疲于奔命。实际上，用最低的价格买到最好的物料是不可能完成的任务。

随着工作经验的增加，笔者发现采购应该坚持**用合理的价格购买匹配的物料**，并以此为原则与利益相关方不断沟通，最终达成一致。

本章将介绍询价和成本分析的基础知识。为了确保读者能够理解并运用这些知识，笔者有意对知识和案例做了简化处理。

## 2.1 RFI、RFQ、RFP 与 RFB 的定义及其使用方法

在询价时，采购经常会用到四个术语，分别是 RFI、RFQ、RFP 和 RFB。它们分别代表什么呢？

### 1.RFI

RFI 的英文全称是 Request For Information，即信息邀请书，这是用来取得产品、价格、服务或供应商一般信息的请求文件。

RFI 是一种非正式的询问信息或者调查价格的方式，不是正式询价，不代表供应商在提供产品、价格等信息后会有真实的业务跟进。

例如，采购需要对某个品类的市场价格进行调查以编制来年的预算时，可以使用 RFI 明确询价的目的。

### 2.RFQ

RFQ 的英文全称是 Request For Quotation，即报价邀请书，这是用来取得供应商对甲方所需产品或服务的承诺的请求文件。

相对于 RFI，RFQ 是一种正式的询价文件。在 RFQ 中，采购需要对产品或服务提出具体的数量、时间、标准、质保期等要求。而供应商的书面回复受法律约束，不得随意更改。

例如，在接到采购申请时，采购需要通过 RFQ 完成比价，把订单发给最优供应商。

### 3.RFP

RFP 的英文全称是 Request For Proposal，即方案邀请书，这是采购要求供应商提供最优解决方案的请求文件。

采购通常会将需要解决的问题或者模糊的需求提交给供应商，由供应商提出设计方案或选型方案，再与需求部门一起评价哪种方案最可行而且价格最低。如果没有合适的方案，采购就不需要对供应商提供的方案承担责任和义务。

例如，在一轮 LED 照明电路板的设计方案评比中，其他供应商都提出用 5 颗 LED 灯珠才能达到照明要求，只有一家供应商提出用 4 颗 LED 灯珠的方案，因此它的报价也是最低的。经甲方的设计人员评估，该方案可行，该供应商随即中标。

### 4.RFB

RFB 的英文全称是 Request For Bid（又称 IFB，即 Invitation For Bid），即投标邀请书，这是采购向所有被邀请参与投标的供应商保证招标公平性的文件。

RFB 是对供应商和采购方都有约束力的投标请求。公司必须具备完善的、透明的招标流程，而且已经定义了产品规范书和工作说明书。一般在金额较大、政府或公司强制要求的情况下，采购才会选用 RFB，因为其耗时长、缺乏灵活性。

例如，在大型土建招标前，公司为了杜绝贪腐问题，往往会要求采购进行招标。

RFI、RFQ、RFP 和 RFB 的特点对比如表 2-1 所示。

表 2-1　RFI、RFQ、RFP 和 RFB 的特点对比

| 对比项目 | RFI | RFQ | RFP | RFB |
|---|---|---|---|---|
| 询价类型 | 信息邀请书 | 报价邀请书 | 方案邀请书 | 投标邀请书 |
| 目的 | 获得与产品、服务、供应商相关的信息 | 取得供应商对采购所需的产品或服务的承诺 | 要求供应商针对需求提出最佳解决方案 | 为所有供应商提供平等的机会 |
| 使用条件 | 明确需求之前 | 需求明确 | 用于评估供应商能力或者采购不清楚产品的功能或标准时 | 用于大宗物资或大型土建招标 |
| 灵活性 | 非正式，不是招标 | 正式，提出具体要求 | 采购可以就任何问题谈判，可以不承诺采购 | 对供需双方都有约束力 |
| 结果 | 目录、价格或产品信息 | 选择最优价格 | 选择最佳方案 | 最佳和最终方案 |
| 优点 | 简单、快捷 | 供应商的承诺受法律约束 | 采购可以就一切问题谈判 | 正式、正规、依法 |
| 缺点 | 没有明确需求 | 如果信息模糊，供应商报价会不一致 | 方案可能反复修改 | 采购没有灵活性 |

## 2.2　报价邀请书的 12 个要点

笔者在多年的从业经历中，经常看到很多采购在询价时漏洞百出，选择的供应商并非最优。因此，笔者总结了报价邀请书的 12 个要点供读者参考。

### 1. 报价有效期和报价截止日

**报价有效期是由供应商提交给采购，用来决定中标价格的有效期限。**例如，供应商提供了一份价格很低的钢材报价单并明确告知报价有效期是 30 天，但由于种种原因，采购在 30 天后才发出订单。在这段时间，由于钢材价格上涨，供应商无法维持之前的报价，于是提出涨价。因报价有效期已过，采购只能接受。

**报价截止日是供应商向采购提交报价的截止日。**如果供应商未能在报价截止日前提交报价，则被视为退出。但是在实际工作中，经常会有供应商在报价截止日过后报出比其他各家都低的价格，此时采购应该怎么办呢？笔者建议，当遇到这种情况时，采购不要自己做决定，一定要向上级领导请示，由领导或者团队集体决定。

### 2. 对投标人的资质要求

政府对特殊行业有资质要求。例如，土建招标需要供应商提供建筑资质，电控柜招标需要供应商提供配电资质，化学品招标需要供应商提供危化品经营许可。一些行业会有特殊的质量体系要求。例如，汽车行业要求制造商通过 IATF 16949 认证，医疗器械行业要求制造商通过 ISO 13485 认证，一般制造业要求制造商通过 ISO 9001 认证。对于 MRO 类物资，有些公司根据自身需要，可能会要求供应商是原厂或者具备代理资质。

### 3. 商品描述和需求信息

商品描述说简单也简单，说复杂也复杂。对于标准品，采购只要知道品牌和规格即可。但是，定制件往往涉及图纸或功能要求。在询价阶段，设计工程师常常没有完成图纸或者材料清单（Bill Of Material，BOM），采购只能依靠功能描述让供应商报价。

采购要在报价邀请书中尽可能完整地描述需求信息，包括样件数量和需求时间，量产开始时间和爬坡计划，年度采购峰值和最小值，项目结束时间和产品生命周期总量等。

### 4. 项目时间节点

项目时间节点是对甲方需求信息的进一步明确，包括样品的图纸和 BOM 何时完成，样品的模具何时开具，样品何时提交，模具多久完成修改，量产条件何时具备等。

### 5. 账期

账期一定要在报价邀请书里写清楚，否则很容易产生争议。例如，从表面上看，某供应商的价格略低于其他供应商，但是在产品定点后它未必会同意甲方提出的账期。比较账期差异后，该供应商未必是最优选择。

### 6. 交货地点和贸易条款

交货地点和贸易条款关系到物权转移和物流成本转移。如果不在报价邀请书中写明，有的供应商按照出厂价报价，有的供应商按照到门价报价，采购就可能会选错供应商。

### 7. 质量要求

在新产品的询价阶段，采购往往很难从设计工程师或者质量工程师处拿到完整的质量要求。这就要求采购在报价邀请书中详尽地描述外购件的使用环境、使用要求和所要实现的功能，以防将来明确质量要求时供应商提出涨价。

### 8. 特殊要求

很多公司对供应商的售后服务有特殊要求。例如，针对设备，生产部门会要求供应商提供培训服务，工艺部门会要求供应商在设备出现问题后 24 小时内提供诊断服务，维修部门会要求供应商定义备件并且备库。

### 9. 在供应商处的投资

很多时候，采购需要支付在供应商处的工具、工装或模具等资产的费用，以便限制这些资产只生产自己公司的外购件。在制作报价邀请书时，采购要罗列在供应商处可能发生的投资，以便各家供应商统一报价、公平比价。

### 10. 合同模板（含质保协议）

**这是很多采购在询价时容易忽略的关键点。**不少采购常常在选定供应商后才向供应商提供合同模板，供应商却突然说法务不同意签署这份合同，需要做很多修改。结果双方僵持不下，最后采购只能妥协。正确的做法是，采购应该把合同模板（含质保协议）作为附件一起发出，让供应商在报价前确认是否接受，如供应商不接受，则不给供应商报价的机会。

### 11. 最小起订量和订货周期

如果采购不在报价邀请书中提出最小起订量和订货周期，就会产生不公平和不好谈的问题。例如，一家供应商按照最小起订量 100 个报价，而另一家按照 1 000 个报价，后者的报价略低于前者。在这种情况下，采购会选错供应商。

### 12. 报价联系人、地址、电话和邮箱

这是报价邀请书的必备信息。在报价期间，采购应当要求所有的供应商只允许把报价发给自己，即甲方唯一授权的报价联系人。如果供应商把报价同时发给别人，如项目经理，即被视为有串标嫌疑，采购可以酌情决定废标。

采购可以将上述第 2、5、7、8、11 项作为整体方案中的打分项，用来综合考评最优供应商。

## 2.3 国际通行的 6 种竞价方法

国际通行的 6 种竞价方法分别为**英式竞价、美式竞价、日本式竞价、荷兰式竞价、反向竞价和组合竞价**。这些竞价方法有的源自期货行业，有的源自拍卖行。

当一项采购需求符合以下 3 个条件时，我们就可以使用竞价方法。

（1）规格或服务范围清晰。

（2）供应商相互竞争。

（3）业务具有一定的吸引力。

**先从英式竞价讲起。英式竞价是一种正向竞价，是针对单一物件的竞价方式**，源自拍卖行。例如，拍卖一幅油画时，很多买家会坐在一起举牌加价。在 1 万英镑到 1.5 万英镑这个区间，每次举牌加价 500 英镑；1.5 万英镑以上，每次举牌加价 1 000 英镑。通过设定条件，拍卖方可以促使尽量多的买家在一个受限的时间内，尽快暴露愿意支付的最高价，从而使卖家获得最大利益。在采购工作中，处理呆滞物料时可以使用英式竞价。

接着介绍美式竞价。**美式竞价跟英式竞价的区别在于，美式竞价是针对一系列物件捆绑式的竞价，而不是针对单一物件的竞价**。因此，美式竞价更加复杂。例如，工厂需要一次性处理很多废品，包括废料、纸箱、木箱和生活垃圾，此时即可使用美式竞价。

第三种竞价方式是**日本式竞价**。日本式竞价是指采购事先设定最高起拍价和每次下浮的金额，邀请若干供应商参与竞价。如果哪家供应商不接受相应的价格就会被强制退出，其余供应商进入下一轮，直到只剩一家供应商时竞价结束，以此迫使供应商不断接受更低的价格。

第四种竞价方式是**荷兰式竞价**，分为正向和反向两种。例如，你需要采购 1 000 把椅子，市场价格为 100 元 / 把。进行反向荷兰式竞价时，你需要邀请尽量多的供应商，设定起拍的中标价为 60 元，流标价为 80 元，每次上调幅度为 1 元，每 5 分钟上调一次（网上竞价的设定）。竞价开始时，如果没有供应商按 60 元 / 把应标，则 5 分钟后中标价格变为 61 元；如果有供应商接受 60 元 / 把的价格，则该供应商中标，竞标结束。如果一直上涨到 80 元仍没有供应商出价，则流标。

**荷兰式竞价适用于技术含量和产品复杂度不高的物资招标，供应商可以充分竞争，便于甲方在最短时间内拿到最低采购价格。**

第五种竞价方式是**反向竞价**，它与正向荷兰式竞价相似，但又有区别。我们还拿市场价为 100 元 / 把的椅子举例。进行正向荷兰式竞价时，采购需要设定最高接受价格，如 95 元 / 把，设定每次下浮 1 元。采购要邀请尽量多的供应商在一个限定的时间内出价，让供应商充分竞争，直到没有供应商再出价为止。

而反向竞价则是由采购根据上次购买价格或供应商的首轮最低报价设定初始价格，如 90 元 / 把，再由供应商自行出价，价格下浮比例由供应商自行决定。在竞价过程中，供应商可以看到自己的竞价排名，以便决定是否还要出价。至于询价过程中的最低价格是否让所有供应商看到，需要由采购来决定。

其实，**最有"杀伤力"的是组合竞价**。顾名思义，组合竞价就是把以上介绍的竞价方式组合起来使用。

笔者亲历的某整车厂的组合竞价示例，扫描右侧二维码即可查看。

**需要提醒的是，采购在决定使用哪种方法竞价之前要做好分析，了解物料的特性和公司的要求，制定好竞价的规则。**在竞价开始前，采购要跟各家供应商讲好规则，要预想到竞价过程中可能出现的突发情况及其应对方法（例如，供应商经常会问什么样的问题以及如何回答）。**最终目的是让供应商一直咬钩、一直降价，直到价格不能再低了，再把"鱼"钓上来，在有限的时间内取得最好的结果。**

## 2.4 "剥洋葱"策略

如果采购认为通过国际通行的 6 种竞价方法取得的"最低价"仍然不够低，该怎么办呢？

答案是，**采购需要让供应商从整体报价改为分项报价，再进行比价和谈判。这就是所谓的"剥洋葱"策略。**

例如，某公司的采购员小王需要购买一台加工中心。三家不同的供应商 A、B、C 参与竞价。刚开始，小王以整体打包竞总价的方式招标，发现 A、B、C 的价格分别相差 6% 以上，其中 A 最高、C 最低。换句话说，由于价差太大，这三家供应商之间很难产生激烈的竞争。

面对这种情况，笔者建议小王让 A、B、C 三家提供分项报价。通过对比不同的功能模块，小王把这台加工中心分为两大模块。其中，C 报的第一模块的价格不是最低的，小王拿最低报价向 C 压价，C 又降了 5%；C 报的第二模块的价格是最低价，价格没有变化。因此，总价进一步下降了，小王圆满地完成了降价任务。

**通过不断细化的分项比价，采购可以不断发现供应商报价不合理的地方。**

## 2.5 如何读懂报价明细

**审查报价单是采购最基本的工作技能之一。但是，很多采购缺少基本的财务知识，总是在总价的基础上谈百分之几的降价，这根本体现不出自身的专业性。**下面结合财务知识和实战经验，谈谈采购如何读懂报价单。

完整的报价单包含以下 6 个部分。

### 1. 原材料的价格和用量

原材料费是产品生产中直接发生并伴随该产品产量的增减而发生比例变动的有关材料费用，如形成产品主要部分的原材料、构成产品实体的零部件等产生的费用。**原材料费往往占价格的很高比例，可能高达 90%，它是采购审查的重点。**

采购要明确原材料的所有信息，跟供应商约定清楚，以免将来扯皮。

### 2. 人工费及工时费

人工费是指列入概算定额的直接从事生产的工人和附属辅助生产单位的工人开支的各项费用。人工费 =$\sum$（工日消耗量 × 日工资单价）。人工费主要包括生产工人基本工资、工资性补贴、生产工人辅助工资、职工福利费及劳动保护费。

各地方的人工费往往比较透明。例如，2024 年一名操作工的综合收入一般为每月 5 000 元左右（不考虑加班），再计算制作每件产品需要多少工时，就能计算出每件产品的人工费。如有必要，采购可以到供应商处实地测算人工费。

供应商会把人工费和机器耗用等费用按小时进行计算再求和，就会得到工时费。

### 3. 包装运费

包装运费是指供应商包装产品并把产品运送到客户指定收货地的费用，一般占产品单价的比例较低。

很多采购在审核包装运费时，由于不了解细节，很容易一带而过。因此，供应商在报价时非常喜欢把利润藏在这里。这就需要采购搞清楚部件的包装形式。

如果是循环包装，采购就要根据预测的产品总数将循环包装的投资费用分摊到每件产品上，以测算供应商的报价是否合理；如果是一次性包装，采购就要研究哪种材料和哪种包装形式性价比最高，以免造成浪费。

至于运输，不同的物流管理形式对应不同的费用和风险。例如，有些外企喜欢用第三方物流公司，而且不会因为客户的要求而变更，因此其物流费比货栈贵。采购在审查运费时要了解供应商的物流管理形式，以便对价格水平做出合理的判断。

### 4. 管理费

管理费是指公司行政管理部门为组织和管理生产经营活动而发生的各种费用，包括公司董事会和行政管理部门在公司经营管理中发生的或者应当由公司统一负担的公司经费、工会经费、待业保险费、劳动保险费、董事会费、聘请中介机构费、咨询费、诉讼费、业务招待费、办公费、差旅费、邮电费、绿化费、管理人员工资及福利费等。

根据品类的不同，管理费一般占产品单价的 5%~20%。这是采购难以直接评估的费用，不乏供应商将利润藏在其中，采购只能依靠行业平均水平来判断。例如，电子行业的管理费率一般为 5%~8%，机加工行业的管理费率一般为 8%~10%。

### 5. 利润

利润涉及以下 3 个概念。

（1）毛利是商品销售收入（售价）减去商品原进价后的余额。若毛利不足以补偿流通费用和税金，公司就会发生亏损。

（2）利润是收入减去费用后的余额。

（3）净利润是税后的利润。

采购还要知道利润率与账期的折算方法。例如，采购给供应商的账期是 90 天，而银行给供应商的一年期贷款利率是 4%。供应商在考虑利润率时要叠加资金成本，即追加 1%（4%÷4），否则就会发生亏损。反过来，采购需要根据账期的长短来折算供应商的真实利润率，衡量其合理性。

### 6. 税率

增值税是以商品（含应税劳务）在流转过程中产生的增值额作为计税依据而征收的一种流转税。从计税原理来说，增值税是对商品生产、流通、劳务服务中多个环节的新增价值或商品的附加值征收的一种流转税。增值税是价外税，由消费者负担，有增值才征税，没增值不征税。

2023 年，我国规定一般纳税人适用的增值税率有四档，分别是 13%、9%、6% 和 0%。其中，13% 是针对工业品的，9% 是针对运输和农副产品的，6% 是针对服务的，0% 是特殊退税。增值税发票分为增值税普通发票和增值税专用发票，两者的区别是增值税专用发票可以抵扣进项税款。

## 2.6 报价分解、应该成本与总拥有成本

在拿到多家供应商的报价后，采购应该怎么做成本分析呢？

下面介绍报价分解（Cost Break Down）、应该成本（Should Cost）与总拥有成本（Total Cost of Ownership）的概念及其使用方法。

### 1. 报价分解

报价分解来自供应商提供的分项报价，或者由供应商填写、由采购提供的模板，其主要作用在于：

- 对比分项价格；

- 探究差异原因；

- 确定最合理价。

简化的报价分解表如表 2-2 所示。

表 2-2 报价分解表（单位：元）

| | 供应商 A | 供应商 B | 供应商 C |
|---|---|---|---|
| 原材料 | 60 | 58 | 57 |
| 加工费 | 20 | 15 | 17 |
| 损耗 | 4 | 3.65 | 3.7 |
| 包装费 | 2.4 | 2.19 | 2.22 |

（续表）

|  | 供应商 A | 供应商 B | 供应商 C |
|---|---|---|---|
| 运输费 | 2.4 | 2.19 | 2.22 |
| 管理费 | 4.44 | 4.05 | 4.11 |
| 利润 | 4.66 | 4.25 | 4.31 |
| 未税单价 | 97.9 | 89.34 | 90.56 |

上一节已对报价明细做了详细讲解，在此不做更多明细分析。本例的重点是考察供应商 B 的加工费低至 15 元的原因。如果合情合理，采购可以与供应商 B 进行最终谈判。

### 2. 应该成本

应该成本是报价分解的镜子，是用来衡量价格合理性的另一维度，一般由经验丰富的老采购估算，其数据来源如下：

- 以往的报价分解；

- 采购员的经验；

- 第三方报告。

简化的报价分解与应该成本表如表 2-3 所示。

表 2-3　报价分解与应该成本表（单位：元）

|  | 供应商 A | 供应商 B | 供应商 C | 应该成本 |
|---|---|---|---|---|
| 原材料 | 60 | 58 | 57 | 55 |
| 加工费 | 20 | 15 | 17 | 15 |
| 损耗 | 4 | 3.65 | 3.7 | 3.5 |
| 包装费 | 2.4 | 2.19 | 2.22 | 2.1 |
| 运输费 | 2.4 | 2.19 | 2.22 | 2.1 |
| 管理费 | 4.44 | 4.05 | 4.11 | 3.89 |
| 利润 | 4.66 | 4.25 | 4.31 | 4.08 |
| 未税单价 | 97.9 | 89.34 | 90.56 | 85.66 |

有的读者会问，在应该成本中，原材料的单价是 55 元，这是怎么来的？这是甲方将所有产品的原材料用量整合在一起后跟原材料厂家谈下来的大客户协议价。例如，很多整车厂跟钢材厂家议定折扣价后，还会要求零部件厂（车身、车底盘）按照协议价从钢材厂买原料，因为整车厂对钢材的整体采购量要比零部件厂大很多，所以能拿到更低的采购价格。在本例中，采购应该要求供应商 B 从甲方指定的原材料厂按照 55 元的价格买进，或者再降 3 元以达到应该成本的价格水平。

### 3. 总拥有成本

**总拥有成本是一个外购件或固定资产从摇篮到坟墓的所有支出的总和，包括研发、制造、质量、管理、财务、库存、维修、保养等一切费用。**

下面通过两个案例加以说明。

（1）直材的总拥有成本如表 2-4 所示。

表 2-4　直材的总拥有成本表（单位：元）

|  | 供应商 A | 供应商 B | 供应商 C |
| --- | --- | --- | --- |
| 采购价格 | 90 | 85 | 88 |
| 信息传递 | 1 | 2 | 2 |
| 管理成本 | 1 | 2 | 2 |
| 财务成本 | 2 | 6 | 3 |
| 质量成本 | 2 | 5 | 3 |
| 库存持有成本 | 5 | 4 | 4.5 |
| 生产损耗 | 8 | 7 | 7.5 |
| 合计 | 109 | 111 | 110 |

从表 2-4 中可以看到，虽然供应商 A 报出的采购价格最高，但因为它的质量成本、管理成本和财务成本都是最低的，所以它的总成本最低。采购应该选择供应商 A。

有的读者会问："表中各项成本是怎么算出来的？比如信息传递。"实际上，只有定义和收集大量的数据才能计算。因此，**直材的总拥有成本的实际应用还不多。**

（2）固定资产的总拥有成本如表 2-5 所示。

表 2-5　固定资产的总拥有成本表（单位：元）

| | 设备 A | 设备 B | 设备 C |
|---|---|---|---|
| 采购价格 | 200 000 | 150 000 | 250 000 |
| 第一年电费 | 25 000 | 30 000 | 20 000 |
| 第一年维保费 | 3 000 | 4 000 | 1 000 |
| 第二年电费 | 25 000 | 30 000 | 20 000 |
| 第二年维保费 | 3 000 | 8 000 | 1.000 |
| 第三年电费 | 25 000 | 30 000 | 20 000 |
| 第三年维保费 | 5 000 | 50 000 | 1 000 |
| 第四年电费 | 25 000 | 30 000 | 20 000 |
| 第四年维保费 | 5 000 | 20 000 | 2 000 |
| 第五年电费 | 25 000 | 30 000 | 20 000 |
| 第五年维保费 | 10 000 | 20 000 | 2 000 |
| 设备残值 | -50 000 | -20 000 | -30 000 |
| 合计 | 301 000 | 382 000 | 327 000 |

从表 2-5 中可以看到，虽然设备 B 的采购价格最低，但由于它耗电量最大、维修成本高昂、残值最低，所以总拥有成本比设备 A 高。因此，制定重大固定资产的采购决策时应该比较总拥有成本。

## 2.7　如何使用 TPSM 证明价格的合理性

在向上级领导汇报价格时，采购经常会被问一个问题：怎么证明这个价格是最合理的？

**如何回答这个问题是采购最大的痛点之一。**最低价未必是最合理的价格，因此采购需要学习 TPSM。

TPSM 的英文全称是 Target Price Setting Model，即目标价格建立模型，它是指导采购谈判并验证最终价格是否合理的有效工具。TPSM 包含 5 种价格要素，分别如下。

（1）**历史采购价格**：上一次采购相同物资的价格或相似标的物的采购价格。

（2）**友商采购价格**：采购通过某些渠道打听到的公司竞争对手的采购价格。

（3）**厂商首轮报价**：供应商的初步报价是 TPSM 的必要依据。

（4）**市场参考价格**：大宗原材料的期货价格或者小件商品在网上可以查到的市场价格。

（5）**成本分析价格**：估算原材料费、工时费、管理费、利润率等时分析出来的成本价格。

这 5 种价格要素都能在某种程度上作为基准来衡量最终价格的合理性。为了体现哪种价格要素更适合衡量标的物的合理价格，采购需要给每种价格要素分配合理的权重，经计算得出**目标价格**，再根据供应商以往的表现设置**挑战价格**。供应商以往的表现越好，挑战价格越接近目标价格；表现越差，挑战价格越低。之后，**采购将目标价格作为最高合理价格，将挑战价格作为最低合理价格，与供应商谈判获得的最终价格如果介于目标价格和挑战价格之间，则可视为价格合理。**

下面通过 3 个案例来介绍 TPSM 的使用方法。

（1）**小王需要购买一批钢材，领导要求性价比最高。**

供应商首次报价为 3 010 元 / 吨，历史采购价格是 3 000 元 / 吨，当天的期货价格是 3 020 元 / 吨。小王打探到友商采购价格是 3 010 元 / 吨。小王给各种价格要素平均分配权重，计算得出的目标价格是 3 010 元 / 吨，如表 2-6 所示。

表 2-6　钢材 TPSM 表

| 标的物 | 历史采购价格 | | 友商采购价格 | | 供应商首次报价 | | 市场参考价格 | | 成本分析价格 | | 目标价格 | 挑战价格 | 最终价格 |
|---|---|---|---|---|---|---|---|---|---|---|---|---|---|
| | 价格 | 权重 | 价格 | 权重 | 价格 | 权重 | 价格 | 权重 | 价格 | 权重 | | | |
| 钢材 | 3 000元 | 25% | 3 010元 | 25% | 3 010元 | 25% | 3 020元 | 25% | — | — | 3 010元 | 3 000元 | 3 005元 |

考虑到该供应商配合度较高，钢材价格很透明，小王把挑战价格定为 3 000 元 / 吨，略低于目标价格。经过谈判，最终价格是 3 005 元 / 吨。虽然这个价格比上次采购价格高 5 元，但是比当天期货价格低 15 元，比友商采购价格低 5 元，满足了领导对性价比的要求。

（2）**小张需要购买一批品牌打印纸，但是使用部门质疑价格的合理性。**

小张以友商采购价格和市场参考价格为主要权重项填写 TPSM 表，如表 2-7 所示。

表 2-7　打印纸 TPSM 表

| 标的物 | 历史采购价格 | | 友商采购价格 | | 供应商首次报价 | | 市场参考价格 | | 成本分析价格 | | 目标价格 | 挑战价格 | 最终价格 |
|---|---|---|---|---|---|---|---|---|---|---|---|---|---|
| | 价格 | 权重 | 价格 | 权重 | 价格 | 权重 | 价格 | 权重 | 价格 | 权重 | | | |
| 品牌打印纸 | 50元 | 10% | 60元 | 50% | 50元 | 10% | 50元 | 30% | — | — | 55元 | 49元 | 49元 |

小张看到历史采购价格 50 元 / 包已经很有竞争力，而且供应商送货很及时，于是只把挑战价格设置为 49 元。经过谈判，供应商答应再降 1 元，最终价格为 49 元 / 包。这个价格低于市场参考价格（某电商平台官方旗舰店的价格为 50 元 / 包），且远低于友商采购价格（隔壁公司采购价格为 60 元 / 包），使用部门再也无话可说。

（3）**小李需要购买一批定制加工件，采购经理认为价格不透明，要求小李拿到合理的价格。**

小李对产品进行成本分析（原材料费为 60 元，加工费为 10 元，管理费

为 5 元，毛利为 5 元），总价为 80 元 / 个。不过，历史采购价格是 100 元 /
个，供应商首次报价也是 100 元 / 个，如表 2-8 所示。

表 2-8　加工件 TPSM 表

| 标的物 | 历史采购价格 | | 友商采购价格 | | 供应商首次报价 | | 市场参考价格 | | 成本分析价格 | | 目标价格 | 挑战价格 | 最终价格 |
| --- | --- | --- | --- | --- | --- | --- | --- | --- | --- | --- | --- | --- | --- |
| | 价格 | 权重 | 价格 | 权重 | 价格 | 权重 | 价格 | 权重 | 价格 | 权重 | | | |
| 非标加工件 | 100 元 | 30% | — | — | 100 元 | 20% | — | — | 80 元 | 50% | 90 元 | 80 元 | 88 元 |

通过赋予成本分析价格 50% 的权重，小李得出目标价格为 90 元 / 个。
小李对该供应商的配合度不满意，将挑战价格设定为跟成本分析价格一样
低，即 80 元 / 个。经过谈判，供应商虽然认同小李的目标价格，但是拒绝
接受挑战价格，最终价格为 88 元 / 个。采购经理对这个结果十分满意。

TPSM 可以被延伸使用。例如，TPSM 可以成为综合衡量采购降本贡献
的工具，如表 2-9 所示。

表 2-9　综合降本表

| 标的物 | 历史采购价格 | | 友商采购价格 | | 供应商首次报价 | | 市场参考价格 | | 成本分析价格 | |
| --- | --- | --- | --- | --- | --- | --- | --- | --- | --- | --- |
| | 价格 | 权重 | 价格 | 权重 | 价格 | 权重 | 价格 | 权重 | 价格 | 权重 |
| 扫描枪 | 100 元 | 20% | 100 元 | 5% | 102 元 | 15% | 105 元 | 30% | 95 元 | 30% |
| 标的物 | 目标价格 | | 实际采购价 | | 单价降本 | | 数量 | | 降本额 | |
| 扫描枪 | 100.3 元 | | 95 元 | | 5.3 元 | | 10 000 | | 53 000 元 | |

通过计算可知，该部件的目标价格为 100.3 元 / 个，而实际采购价格为
95 元 / 个，在降本方面采购的贡献是 5.3 元 / 个，合计 53 000 元。

TPSM 还可以被用来证明价格上涨的合理性。假设纸箱原价为 50 元 / 个，
供应商要求涨到 65 元，成本分析价格是 60 元，类似纸箱的市场价格是 65
元，友商采购价格也是 65 元。经过分配权重，得到的目标价格是 61 元，但
品类经理从长期合作的角度开展谈判，将最终价格确定为 60 元，如表 2-10
所示。

表 2-10　目标价格建立模型（单位：元）

| 标的物 | 历史采购价格 | | 友商采购价格 | | 供应商首次报价 | | 市场参考价格 | | 成本分析价格 | | 目标价格 | 挑战价格 | 最终价格 |
|---|---|---|---|---|---|---|---|---|---|---|---|---|---|
| | 价格 | 权重 | 价格 | 权重 | 价格 | 权重 | 价格 | 权重 | 价格 | 权重 | | | |
| 纸箱 | 50 | 20% | 65 | 20% | 65 | 20% | 65 | 20% | 60 | 20% | 61 | 60 | 60 |

最终价格虽然比原价（50 元）上涨了 10 元，涨幅达到 20%，但是比目标价格低了 1 元，能够证明价格的合理性和采购的业绩。

**值得一提的是，通过使用 TPSM，采购不仅可以证明价格合理，而且可以通过提高挑战价格的方式扶持优质供应商，贯彻价值最优的理念。**

## 2.8　如何使用采购计分卡跨部门选择供应商

如何正确地选择最优供应商是采购需要解决的主要问题之一，也是采购工作专业性的重要体现。

对于质量要求不高的物资或服务，在交期和售后服务能够满足需求的前提下，采购仅凭价格高低即可选择供应商。但是，对于质量要求高或供应风险大的物资或服务，采购应该如何选择供应商呢？

**采购计分卡是大公司跨部门选择供应商的常用方法。它的优点是不仅比较价格的高低，还考虑质量和供应风险，以此选出总拥有成本最优的供应商。**

对于**生产性材料**，使用采购计分卡时通常需要考虑**价格、品质表现、交货表现和服务满意度**。采购应赋予各要素不同的权重以便计算总分。

例如，在跨部门决定印刷电路板的供应商时：

- 供应商 A 报价为 100 元 / 个，品质表现分数为 95 分，交货表现分数为 95 分，服务满意度分数为 90 分；

- 供应商 B 报价为 95 元 / 个，品质表现分数为 90 分，交货表现分数为 90 分，服务满意度分数为 90 分；

- 供应商 C 报价为 90 元 / 个，品质表现分数为 85 分，交货表现分数
  为 85 分，服务满意度分数为 80 分。

**解析：**供应商 C 的价格最低，但其他表现的分数也最低；供应商 A 的价格最高，但在其他方面表现最优秀；供应商 B 居中。采购应该怎么选呢？

绝大多数**只在乎价格的公司会选择供应商 C**，然后逼迫采购和品管盯住供应商，确保供应没有问题；而**更重视价值的公司会使用采购计分卡选择供应商**。

我们设定价格的权重为 80%，品质表现的权重为 8%，交货表现的权重为 8%，服务满意度的权重为 4%，然后比较三家供应商的综合分数，如表 2-11 所示。

表 2-11　供应商计分卡

| 供应商 | 价格分数 | 质量分数 | 交货分数 | 服务分数 | 总分 |
|---|---|---|---|---|---|
| 供应商 A | 71.1 | 6 | 6 | 2 | 85.1 |
| 供应商 B | 75.5 | 4 | 4 | 2 | 85.5 |
| 供应商 C | 80 | 2 | 2 | 0 | 84 |

从表 2-11 中可以看到，报价适中且其他指标都在接受范围内的供应商 B 的分数最高，供应商 B 中标。**采购通过系统且客观的方法做出了稳妥的选择。**

读者一定想知道每项分数的计算方法，详解如下。

**价格分数需要使用离散法来计算**，即以最低价格为满分（100 分），用其他价格与最低价格的差值除以最低价格得出分差比，从而得到其他价格的分数。例如，供应商 A 的价格为 100 元 / 个，供应商 B 的价格为 95 元 / 个，供应商 C 的价格为 90 元 / 个。供应商 C 的价格最低，所以它的价格分数是 100 分。供应商 B 的价格贵了 5 元（95-90），占最低价格的比例为 5.6%

（5÷90），则供应商 B 的价格分数为（1–5.6%）×100=94.4。以此类推，供应商 A 的价格分数为 88.9。

读到这里，有的读者会说："不对啊！表格里的分数对不上。"没错，接下来要考虑价格在采购计分卡里的权重，即每个分数乘以 80%，得出供应商 A 的分数为 71.1 分，供应商 B 的分数为 75.5 分，供应商 C 的分数为 80 分。这样是不是就跟表 2-12 中的价格分数吻合了呢？

表 2-12　价格分数评分表

| 供应商 | 价格分数 | | | |
|---|---|---|---|---|
| | 报价 | 报价得分 = （1– 差价 / 最低价）×100 | 权重 | 价格分数 = 报价得分 × 权重 |
| 供应商 A | 100 | 88.9 | 80% | 71.1 |
| 供应商 B | 95 | 94.4 | 80% | 75.5 |
| 供应商 C | 90 | 100 | 80% | 80 |

**离散法的好处是体现了价格差带来的真实差异，避免供应商因为价格贵了一点而失分很多。**

至于品质表现、交货表现和服务满意度，如果不同供应商的绩效考核结果差异较小（例如，一家是 95 分，另外一家是 98 分），则不应影响供应商的选择结果，没有必要在分数上有所差别。因此，**针对品质表现、交货表现和服务满意度可采用分段打分法**，如表 2-13 所示。

表 2-13　交货表现评分表

| 打分 | 分段得分 |
|---|---|
| 100 分 | 100 |
| 95~99 分 | 75 |
| 90~94 分 | 50 |
| 85~89 分 | 25 |
| 80~84 分 | 0 |
| 低于 80 分 | 暂停新业务 |

品质表现的权重为 8%，即最高分为 8 分。因此，供应商 A 的品质表现为 95 分，考虑权重后为 6 分（75%×8）；供应商 B 为 90 分，考虑权重后为 4 分（50%×8）；供应商 C 为 85 分，考虑权重后为 2 分（25%×8），与表 2-14 中的分数吻合。

表 2-14　质量分数评分表

| 供应商 | 质量分数 | | | | | |
|---|---|---|---|---|---|---|
| | 评委打分 | 分段打分规则 | | 分段得分 | 权重 | 质量分数 = 分段得分 × 权重 |
| 供应商 A | 95 | 100 分 | 100 | 75 | 8% | 6 |
| 供应商 B | 90 | 95~99 分 | 75 | 50 | 8% | 4 |
| 供应商 C | 85 | 90~94 分 | 50 | 25 | 8% | 2 |
| | | 85~89 分 | 25 | | | |
| | | 80~84 分 | 0 | | | |
| | | 低于 80 分　一票否决，暂停新业务 | | | | |

读到这里，聪明的读者会说：**"打分权重是根据什么确定的？毕竟不同的权重会导致不同的结果。"**如果把价格权重提高到 90%，那么供应商 C 的总分就会变成最高；如果把价格权重降低到 70%，那么供应商 A 的总分就会变成最高。

**这就需要采购充分了解公司对这几个指标的重视程度。**前文提到，大多数公司只根据价格做决策，相当于价格的权重是 100%，其余指标的权重是 0%。但是，如果某个部件的质量风险很大，采购希望选择品质过硬的供应商，那么采购就应该赋予品质表现更高的权重。

如果不知道如何赋予指标权重，采购可以采用**权重设定法**，其示例如表 2-15 所示。

表 2-15　权重设定法示例

| | 运营管理能力 | 技术管理能力 | 质量管理能力 | 可持续发展能力 | 合计 | 权重 |
|---|---|---|---|---|---|---|
| 运营管理能力 | | 0 | 0 | 1 | 1 | 8.333% |
| 技术管理能力 | 2 | | 0 | 2 | 4 | 33.333% |
| 质量管理能力 | 2 | 2 | | 2 | 6 | 50% |
| 可持续发展能力 | 1 | 0 | 0 | | 1 | 8.333% |

表 2-15 中权重设定的规则是：

（1）前者（横）比后者（纵）更重要，得 2 分；

（2）前者（横）与后者（纵）同等重要，得 1 分；

（3）前者（横）不如后者（纵）重要，得 0 分；

（4）合计为各考察领域的横向得分之和；

（5）权重为各考察项合计分数占总合计分数的比例。例如，表 2-15 中运营管理能力的横向分数合计为 1 分，而总合计分数为 12 分（1+4+6+1），运营管理能力权重约为 8%。

如果大家觉得权重设定法过于简单，无法充分识别考察项间重要性的差异，可以采用**权值因子判断法**。

权值因子判断法与权重设定法的差异在于，它对一个考察项比另一个考察项重要的程度进行细分，分为稍微重要、明显重要、重要得多和极端重要。因此，每一项的分值不是从 0 到 2，而是从 0 到 9。

某公司对某品类的供应商的成本、技术、质量和服务的重要度的判断矩阵如表 2-16 所示。

表 2-16　某公司的判断矩阵

| 判断矩阵（$X_{ij}$） | 成本 | 技术 | 质量 | 服务 |
|---|---|---|---|---|
| 成本 | 1 | 2 | 3 | 4 |
| 技术 | 1/2 | 1 | 3 | 2 |
| 质量 | 1/3 | 1/3 | 1 | 1 |

（续表）

| 判断矩阵（$X_{ij}$） | 成本 | 技术 | 质量 | 服务 |
|---|---|---|---|---|
| 服务 | 1/4 | 1/2 | 1 | 1 |
| 求和 | 2.083 | 3.833 | 8.000 | 8.000 |

判断矩阵打分规则的定义与说明如表 2-17 所示。

表 2-17　判断矩阵打分规则的定义与说明

| 判断矩阵分值 | 定义与说明 |
|---|---|
| 1 | 两个考察项对某个属性具有同等重要性 |
| 3 | 两个考察项比较，一个考察项比另一个考察项稍微重要 |
| 5 | 两个考察项比较，一个考察项比另一个考察项明显重要 |
| 7 | 两个考察项比较，一个考察项比另一个考察项重要得多 |
| 9 | 两个考察项比较，一个考察项比另一个考察项极端重要 |
| 2，4，6，8 | 表示需要在两个考察项之间折中时的标度 |
| $1/X_{ij}$ | 两个考察项的反比较 |

将判断矩阵中的每一列考察项作归一化处理，即用矩阵中的每个格子里的数字除以纵列的和。例如，用成本减去成本格子中的 1，除以成本纵列的和 2.083，约等于 0.48。

判断矩阵整体计算结果如表 2-18 所示。

表 2-18　判断矩阵整体计算结果

| 判断矩阵 | 成本 | 技术 | 质量 | 服务 |
|---|---|---|---|---|
| 成本 | 0.48 | 0.522 | 0.375 | 0.5 |
| 技术 | 0.24 | 0.261 | 0.375 | 0.25 |
| 质量 | 0.16 | 0.087 | 0.125 | 0.125 |
| 服务 | 0.12 | 0.13 | 0.125 | 0.125 |
| 求和 | 2.083 | 3.833 | 8.000 | 8.000 |

将每一列经归一化处理后的判断矩阵按行相加求和，再用各行总和除以判断矩阵行列总和计算得到各考察项的权重。例如，成本行的总和为 1.88，

判断矩阵的行列总和为 4.00，1.88÷4.00=47%，即为成本的权重，如表 2-19
所示。

表 2-19  判断矩阵各考察项的权重

| 判断矩阵 | 成本 | 技术 | 质量 | 服务 | 求和 | 权重 |
|---|---|---|---|---|---|---|
| 成本 | 0.48 | 0.522 | 0.375 | 0.5 | 1.88 | 47% |
| 技术 | 0.24 | 0.261 | 0.375 | 0.25 | 1.13 | 28% |
| 质量 | 0.16 | 0.087 | 0.125 | 0.125 | 0.50 | 12% |
| 服务 | 0.12 | 0.13 | 0.125 | 0.125 | 0.50 | 13% |
| 求和 | 2.083 | 3.833 | 8.000 | 8.000 | 4.00 | 100% |

**该方法对上文提及的 TPSM 的五种价格要素的权重设置及后文提及的供应商绩效指标的权重设置都有效**，请大家根据不同指标的重要性选择合理的权重设定方法。

实际上，对于土建类、非标设备（如自动化生产线）和服务类的采购，采购计分卡有更多的变化和应用。

在做土建供应商的决策时，采购要给价格、交货期保障、供应商的规模、是否为本公司服务过、服务满意度、付款条件、供应商是否在本地等要素分配打分权重。对于非标设备，采购要给价格、供应商相关经验、人员技术水平、是否为本公司服务过、服务满意度、人员产能情况、付款条件、维修的反应速度等要素分配打分权重。对于服务，采购要给价格、管理水平、行业口碑、是否为本公司服务过、服务方案等要素分配打分权重。

采购在工作中要学会使用采购计分卡与需求部门一起选择合适的供应商。

本章的结尾也是一则小故事，读者通过阅读这则小故事可以深刻理解本章介绍的要点。

## 小故事　钢格板的询价与成本分析

早上，采购员小李递过来一份钢格板的合同审批单，说项目急用。

皮经理翻看一下，附页有物料申请单、比价单以及与其中一家供应商草拟的合同。

"这几家公司的名字都很陌生啊！"皮经理说。

"嗯，经理。项目着急，都是没合作过的供应商。"

"钢格板原来由哪家供应商提供？"皮经理看看计划日期和需求日期后问。

"德宝，不过这家公司已经注销了。"

"价格和上次采购比怎么样？"

"涨价了，今年金属材料都涨价了。"

"涨了多少？"

"2 000多元。询问了三家供应商，我认为晟海可以，这家价格最低。"

皮经理看了一眼报价单，只是一个简单的吨单位价格。虽然公司允许对紧急项目特事特办，但皮经理心里不踏实，他知道这样的比价是有很多风险的。而且这是出口日本的结构件，越紧急越要保证价格合理、质量合规。他决定把这三家供应商再审一遍。

本次采购的物料是20吨G253/40/100W型钢格板。无论如何，质量是基本前提。在电话中，三家公司都宣称一直在做出口项目。两天后，当300mm见方的样品寄到后，皮经理发现晟海的格栅间距有问题，对方的解释是"仅仅给你们看看样子，着急就先寄过来了"。但是，皮经理认为，最起码的样件都不符合行业标准，而且也不做提前说明，与这样的厂家合作风险太大，无论价格多低都没有意义。

剩余两家企业，一家是外资企业叫美达，另一家是老牌国企叫新星。在小李一再要求对方提供详细的分项报价后，两家把先前总的吨单位价格分成两个部分，一个是钢格板的价格，另一个是钢格板附件使用的螺栓的价格，如表 2-20 所示。

表 2-20　钢格板和螺栓比价表

| 名称 | 钢格板（元/吨） | 螺栓（元/套） | 工期（天） | 表面处理 | 备注 |
|------|------|------|------|------|------|
| 美达 | 11 000 | 8 | 25 | 镀锌 | 20 吨 |
| 新星 | 9 800 | 10 | 30 | 镀锌 | 20 吨 |

看着比价单，皮经理发现所谓的分项报价与原来的总包报价差不多，只不过是把螺栓抽出来而已，主要采购项目钢格板的成本依然是个黑匣子。

两家公司都很强势，美达盘桓国内多年，品牌大、名气响；新星布局在一个大钢厂旁，全部生产线开动后，可以日产几万吨的钢格板。显然，自己的这点需求对他们来说就是九牛一毛，难怪他们不肯提供按材料和工艺进行拆解的分项报价。

"要求他们优惠，但他们一点空间也不给。"小李说。

皮经理想了一下，自己公司近年来出口业务量不断加大，虽然和供应商的产能比起来不算什么，但对供应商的区域销售经理来说比较有吸引力，毕竟可以多开发一个客户。想到这里，皮经理觉得还有机会对成本做进一步控制，但前提是必须有理有据。

**1. 如何分析价格**

历史采购价格的参考意义有限，因为原材料价格的波动对钢格板的成本影响很大。

至于友商采购价格，皮经理和小李一样没办法做对比，因为没有资源。市场参考价格或者类似期货市场的钢材、锌材价格有一定的参考性，但不是简单的线性关系，中间有诸多影响因素。

最后，皮经理决定从核算制造成本入手。钢格板的制造成本主要是由原材料、辅料、人工和其他成本构成的。主材包括钢板和圆钢，考虑到本次热镀锌层较厚，对成本影响较大，故将锌从通常表面处理的成本类别中抽出，放到主材类别中。辅材主要包括焊丝，考虑到计算方便，气体也纳入其中。电费、动力费等归入其他类别，管理、财务和销售费用另外加入系数，谈判时相继调整。

### 2. 如何调查成本

美达位于一个全国知名的钢材集散地，新星则位于一家钢厂附近。皮经理通过自己熟识的一家钢材供应商找到当地最大的钢带供应商询价，制造钢格板的两种主要原材料——钢带和圆钢的价格很快就出来了（见表2-21）。皮经理非常清楚，以这一点采购量得到的报价肯定高，对供应商来说这个价格肯定能兜住成本。

表2-21　钢带和圆钢的报价分解表

| 项目 | 原料（元） | 裁条（元） | 运费（元） | 单重比 | 税前折合吨单价（元） |
|------|-----------|-----------|-----------|--------|---------------------|
| 钢带单价 | 3 000 | 80 | 30 | 8 | 2 202 |
| 圆钢单价 | 2 600 | 30 | 30 | 2 | 471 |
| 合计 | — | — | — | — | 2 673 |

焊材主要是指气保焊丝，这个数据得来更简单，因为自己公司就大量使用。

最难确认的是锌材的成本价格。上海有色金属网、上海期货交易所的近期和远期价格都摆在面前，但是皮经理不知道应该怎么使用，也推算不出它们与钢格板厂的进货价格有什么关系。在与供应商谈判时，美达总是拿期货价格说事，什么沪锌价格已经涨到多少点位，伦敦锌的期货行情如何如何。总之一句话，现在原材料价格都涨了，他们也承受不了成本压力。但皮经理心里清楚，这些只是反映了人们对远期价格的心理预期，反映了一段时间内现货和期货价格互相影响后的均衡趋势。

屏幕上浅蓝色和红色的线段闪烁着，阴阳方向、实体大小、影线长短晃得皮经理头发晕。当他随手扯出一条十日均线时，屏幕底部的一条合约信息引起了他的注意。

一定是这样了!看到交割品级的标准,皮经理忽然明白,期货价格发生变化不假,但在实体中用量大的公司是用套期保值或买或卖。用期货价格推测现货价格的话,这个参数选择得实在太远,中间有太多的变量。

想通了这一点,皮经理马上给自己熟识的钢梯镀锌厂家打电话,侧面了解锌锭进货标准。做好功课后,他又跟新星的销售经理通电话,以这批货的表面质量要求高为由,确认了钢格板厂家也使用同种锌锭。

剩下的工作就顺手了,从钢格板的重量可以推算出每种钢材的重量,从钢材的重量可以推算出钢材的表面积,然后根据技术要求的锌层厚度乘以损耗系数就可以得到镀锌的使用量和成本,如表 2-22 所示。

表 2-22　镀锌的成本分解表

| 项目 | 吨表面积(平方米) | 加耗损吨用量(吨) | 锌锭单价(元) | 税前折合吨单价(元) |
|---|---|---|---|---|
| 镀锌 | 86 | 0.23 | 7 000 | 1 411.2 |
| 合计 | | | | 1 411.2 |

根据成本核算程序,考虑类似项目的辅材、耗材、动力均摊成本等各种系数,皮经理很快算出了钢格板的目标制造成本,如表 2-23 所示。

表 2-23　钢格板的成本分解表(单位:元)

| 项目 | 原材料 | 镀锌 | 辅材 | 耗材 | 动能 | 人工 | 运费 | 吨单价 |
|---|---|---|---|---|---|---|---|---|
| 钢格板单价 | 2 673 | 1 411.2 | 44 | 80 | 195 | 2 000 | 275 | 6 678.2 |
| 合计 | — | — | — | — | — | — | — | 6 678.2 |

假设供应商的管理水平处于行业平均水平,按照综合管理费加利润率等于 20% 计算,销售价格应该在 9 100 元 / 吨上下浮动。公司管理水平越高,盈利能力越强。

### 3. 成本分析的结果

根据交货期的要求,皮经理在与两家供应商分别谈判后,选中了新星。在价格谈判阶段,新星的销售经理非常惊讶皮经理对产品成本的了解,直到后来供货拜访时，他还一直误以为皮经理曾在钢格板厂工作过，他不知道皮经理经历了多少个不眠之夜。在皮经理坦诚地介绍了自己公司未来的发展，强调这会为新星的区域销售业绩带来增长时，对方最终给了皮经理 9 000 元/吨的钢格板价格，螺栓则为 7.5 元 / 套。

"经理，我还是不明白，供应商的工资数据您是怎么算出来的呢？"小李问。

"当你去考察供应商，看到工人在生产钢格板时，你会悄悄记录制造一件钢格板所花费的时间吗？如果有机会，你会和工人聊些什么呢？"皮经理笑着反问。

第 3 章

# 竞争性谈判

**采购在谈判中赚到的每一分钱都是公司的净利。**学会谈判你就明白了，一个人的发展不单靠学识，更要靠谈判。学会谈判，你将从人山人海中脱颖而出，变得与众不同！

**广义的谈判**是指各种形式的交涉、磋商和洽谈。**狭义的谈判**是指人们为了改善彼此之间的关系而进行的相互协调和沟通，以期在某些方面达成共识的行为和过程。其中，"谈"是指谈论、彼此对话，"判"是指评定、评判。

**谈判的结果有四种**，如图 3-1 所示。

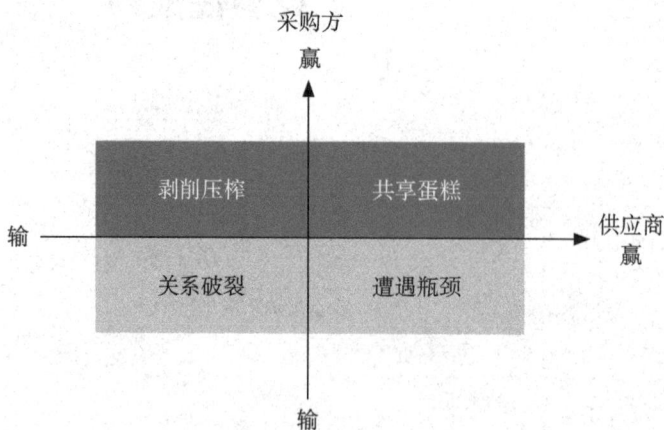

图 3-1  谈判的四种结果

（1）**结果一：共享蛋糕。**双方通过利益交换实现双赢，共享发展机会。通常来说，在增量经济下容易出现双赢的结果。

（2）**结果二：剥削压榨。**采购赢，供应商输。这里的"输"不是指供应商亏钱，而是说**采购通过竞争性谈判剥夺了供应商发展的机会。**这就如同封建社会里地主对农民的剥削，农民不会饿死，但是其大部分劳动所得被地主剥削，农民仅能维持生存。

（3）**结果三：关系破裂**。谈判破裂，没有达成交易。此时，采购要有备选供应商或备选方案。

（4）**结果四：遭遇瓶颈**。采购输，供应商赢。这种情况容易出现在供应商早期介入时，供应商成了独家供应商，从而拿走了优化设计所带来的大部分利润。

本章将着重阐述竞争性谈判的理论、方法和案例，以此帮助读者赢得每一场谈判。

## 3.1 竞争性谈判的 10 条经典战术

采购必须牢记竞争性谈判的 10 条经典战术。

### 1. 不要接受供应商的第一次报价

朋友小王曾向笔者讲述他购买二手车的经历。

小王看中了邻居家的一辆 2020 款的黑色凯美瑞。邻居对车子的保养很细致，车子从未发生过故障。由于要换新车，故邻居标价 15 万元出售爱车。小王虽然只有 13.5 万元现金，但因为担心别人捷足先登，所以还是抱着试试看的态度找邻居商量买车。他本以为会有一番激烈的讨价还价（例如，先付 13.5 万元把车开走，半年内再付清 1.5 万元尾款），但没想到邻居竟然满口答应："就按 13.5 万元成交！立即过户！"

在去车管所的路上，小王心里一直在嘀咕，觉得这里面肯定有猫腻。所以，他一点也不兴奋，反而怀疑自己上了当。

"如果妻子问我邻居为什么以低于市场价那么多的价格把车卖给我，我该怎么回答呢？"

"这车肯定有毛病，要不他为什么那么急于脱手？"

小王觉得心里堵得慌，恨不得突然刮起台风，阻止他们到达车管所。每当笔者坐在小王驾驶的黑色凯美瑞里，小王总会抱怨车子"有问题"。例如，启动时发动机声音有点大或者刹车时有点异响。其实，这些根本就不是问题。小王买完车后再也不跟邻居说话，而是背地里跟笔者说，他的邻居是个大骗子，把有问题的车卖给他。

你看，因为小王的邻居的一个致命失误，一桩好买卖变成了坏交易，最后大家连朋友都做不成了。**这个致命的失误就是接受第一次报价。**

**对所有采购来说，竞争性谈判的第一法则是不要接受供应商的第一次报价！**

我们重新思考一下，如果小王的邻居在第一时间充满自信地拒绝了小王13.5 万元的报价，接下来会发生什么？

小王一定会承认自己的出价配不上这辆好车，央求邻居看在邻里关系的份上再通融一下。此时，邻居可以做象征性的退让，以预付 13.5 万元加 6 个月内付清尾款 1.5 万元的条件出售爱车。

在这种情况下，小王会认为他终于以较低的出价、很好的条件买到了一辆好车！他会兴奋地告诉妻子自己是如何成功地说服邻居的。他会认为邻居给了他恩惠，以后见到邻居会主动打招呼。他会逢人便说这是一辆好车，他捡到了便宜。即便启动时发动机的噪声有点大，即便刹车时有点异响，但是在小王的眼里，这些都不足以证明车子不好。

那么，**小王的转变是由什么引起的呢？人的本性，在利益交换时，人总是担心自己吃亏。**

**因此，聪明的供应商都会在第一次报价时故意加上一部分，等着采购来砍价。**

这就如同我妻子在逛服装店时，几乎所有的衣服都在打折，有的店甚至把原价和折扣价并列写在一起。销售人员会告诉我妻子："现在按照 5 折，花 500 元买这套连衣裙，你节省了 500 元。"我妻子会兴高采烈地把衣服买回家，对我说她是何等精明，为家里省了钱。那么，商家是否真的少赚了

500 元，所有人心里都清楚。

我们再回到竞争性谈判的话题。**如果采购不经过谈判就欣然接受供应商的首次报价，就会发生：**

- 供应商产生疑心（这个客户付款会不会有问题）；
- 鼓励供应商涨价（是不是自己把价格报低了）；
- 被供应商看低（这个采购太业余了）。

### 2. 不要光是投诉，要通过谈判来解决问题

有些采购在工作中喜欢把所有问题都推给供应商，他们认为所有的错误都是供应商的，需要供应商来解决。

不要把这当成笑话，试问，你有多长时间没有想过投诉某家供应商了，是一天还是两天？如果超过两天，那么这只能说明你在睡觉，因为投诉是推动供应商持续改进的重要因素。

当然，笔者不是想要说服你放弃投诉供应商，而是想说：你在投诉的同时，应该给供应商一个弥补过错的机会，通过投诉获得更好的补偿。

我曾经遇到过这样一件事情。那是一个潮湿的夏天，我在广州出差。很晚的时候，我入住了一家酒店，但床单的潮湿程度超出了我这个北方人的接受程度。

晚上，我躺在床上辗转反侧，一直在想第二天早上如何去投诉酒店，表达我的愤怒和不满。

第二天一早，我向前台投诉。前台是一位彬彬有礼的女士，她对我的遭遇感到震惊，连忙问："您是否检查过窗户关好了没有？"其实，窗户是否关好跟我遭遇的床单潮湿问题并没有关联，但她是出于好意，从自己的角度和立场出发，提出了一个令我无法理解的问题。就在我提着行李离开酒店时，我突然想到，自己昨晚为什么没有要求更换房间？不可能所有房间的床单都这么潮湿。这个合理的要求应该由我提出才对。

回到竞争性谈判的话题,遇到问题或争议时,如果采购不提出合理的要求,就相当于把主动权让给了供应商。那么,供应商理所当然只会从自己的立场思考问题,于是便会产生"是否检查过窗户关好了没有"的荒唐答案。

**之所以会产生这种问题,是因为人一旦遇到问题,总爱归罪于别人。**

采购的正确做法应该是在指出供应商的问题时,让供应商自己去想,然后通过谈判来求得补救方法。在这个过程中,采购需要做到以下 4 点:

(1)主动提出补救方法,当然,你要多考虑己方的利益;

(2)只谈补救方法而不去争论谁是谁非;

(3)提出补救方法时给供应商一点余地,以免对方产生不再跟你做生意的想法;

(4)使对方感到你的建议合情合理,不漫天要价。

### 3. 切忌未接到供应商的建议便自定方案

采购在工作中最大的尴尬莫过于在自己擅长的方面出错,笔者作为讲师给学员答疑时就曾犯过低级错误。

有一位学员跟我说想要了解 EMS,我的第一反应是自己非常熟悉这个词,但是心里想的却是中国邮政速递(Express Mail Service,EMS)。其实,学员想了解的是电子制造服务(Electronic Manufacture Service,EMS)这个概念,而我正是毕业于电子专业,我的第一份工作是在 IBM 从事电子器件采购,管理的供应商都是 EMS。当时,我的脸是通红一片啊!

不知道你是否也遇到过类似的情况,遇到一个貌似复杂的问题,自己想了很多解决方案都不对,而别人说出的答案是那么简单明了,而且一下子就解决了问题。这时,你是不是很尴尬呢?

这种情况其实经常发生。某公司的生产线因为一个转向轴断裂而停产。于是,采购部和维修部的人立即坐在一起讨论解决方案。

"新的转向轴最快哪天到?"维修气急败坏地问。

"这是进口件,即使有现货,运输加清关也得一周。"采购把手摊开,表示已经尽力了。

"没有别的品牌可以替代吗？"采购问。"没有，这个不是标准品。"维修回答。

"这个件过没过质保期？我们能要求供应商承担所有损失吗？"采购问。"过了质保期。但是，我们应该要求供应商承担损失。"整个会议走入了错误的方向，因为大家不再关心如何解决问题，而是如何"甩锅"。

当晚，采购部与维修部达成一致后，一起拨通了供应商的电话。采购气势汹汹，刚要兴师问罪，供应商却在电话那头说："我把图纸给你，你找一家机加工厂先做个简易转向轴，我出费用，待新轴到了替换就好。"

结果，机加工厂连夜就做了一个简易转向轴，问题解决了。

在这个案例中，采购部与维修部共同犯下的错误是，**未接到供应商的建议便自定方案。**

当发生复杂的问题，可能导致双方关系破裂或双方对簿公堂或其中一方遭受巨大损失时，采购既不应该立即提出供应商无法接受的罚款，也不应该跟供应商无休止地辩论，更不应该一味地妥协退让，而要保持沉默，给供应商时间，让供应商从自己的角度提出建议。

在正式谈判开始前，采购如果不了解对方的想法，就不要盲目制定自己的方案，这是因为双方的博弈在本质上是信息的博弈。

谈判时，对于同一个问题，总有两种解决方案，即你的方案和对方的方案。你的方案，你自己知道，但对方的呢？如果不知道，就要在提出自己的方案之前想方设法了解对方的方案，然后制订进一步的计划。

请记住，所有的谈判都包含 4 项重要信息，其中 2 项是你已经知道的，即你的出价和底价，你务必要找到第 3 项信息——对方的出价，而第 4 项信息——对方的底价是你不容易获得的。如果你不知道对方的出价，你就是在跟自己谈判。

### 4. 避免信息模糊不清

采购如果掌握了一个行业的规律，遇事就能做到心中有数。可是，当采购经验不足时，应该怎么办呢？

当你要对一份价值不菲的合同做出决策时，绝不能仓促，要学会通过谈判来妥善处理。

在谈判的过程中，采购要规避两个陷阱：一是当供应商的报价远低于你的预期时，切不可流露出垂涎欲滴的神色，这只会削弱你在谈判中的地位；二是无论供应商的报价跟市场价格比是高了很多还是低了很多，都不是好事，要谨防上当！

采购在做决策前，一定要充分掌握各种信息，以此衡量价格的合理性。对于合同，采购一定要花时间逐字推敲，不要等出了问题才找律师看。

还记得墨菲定律吗？越是坏事，越容易发生。

假如你着急租赁一辆货车，供应商给你写了一个字据，上面是这么写的："一台货车，牌号京 A9706B，租金每天 500 元。"你会怎么做？

这是一个貌似简洁明了、实则废纸一张的合同，因为它只字未提可能出现的情况，无法规避墨菲定律。

将来一旦发生纠纷和诉讼，将是旷日持久的，因为这份合同里的漏洞太多了，例如：

- 还车时间是什么时候？
- 谁买保险？
- 谁支付停车费？

**那么，怎样才能避免合同信息模糊不清呢？**

最简单的办法就是多问几个为什么，每个问题都由两个最简单的字开头，要一直问到把一切可能发生的情况都考虑到了为止，**这两个字就是"万一"**。

万一车子在路上坏了怎么办？万一车子发生交通事故怎么办？万一车子被盗或被剐蹭怎么办？万一车辆被扣押怎么办？万一车辆被人为破坏怎么办？万一开车撞到人怎么办？万一租赁期满，车辆不能归还怎么办？万一租赁人从事非法运输，车辆被警方扣押怎么办？

以上情况如何处理对甲乙双方都很重要。

**因此，采购在没有经验的情况下，要在谈判前准备好一份"万一"清单。不要等到供应商把符合自己利益的合同摆在你面前，你却不知道从何谈起，而供应商的用意正在于此。**

### 5. 采购绝不首先让步

采购在谈判中最为难的事是如何做出让步。有一种方法非常简单，那就是在谈判中尽量把自己装成吝啬鬼，而不是一个富有同情心、大度的人。

虽然为人大度在很多时候可以感染别人，但在谈判中绝对不是那么回事。

大量的实战经验告诉我们，采购以让步换取对方的让步是根本无法实现的。采购的让步一般都是实实在在的，而供应商的让步有时是设计好的套路，还记得服装店打折促销的把戏吗？对强势的供应商来说，一旦你首先让步，对方不仅不会让步，还会设法诱使你做出更多让步。

有的读者会说，我遇到过讲理的供应商，在我做出让步之后，对方也配合让步，最后取得了双赢的结果。可问题是，你每次都能遇到跟你一样的人吗？如果不能，你该怎么办？退一步讲，即使你遇到了，为什么不是对方首先让步呢？

**说到底，让步就是改变自己的谈判立场，向对方的立场靠拢，有一点举手投降的意思。**供应商一施压，你就退，对方就会想，最好加把劲继续施压，直到碰触到你的底线才罢休。

因此，采购不要幻想主动向难缠的对手让步，以此改变对方的态度，或者担心不主动让步，谈判便难以进行。如果不改变这种想法，采购就永远是一只待宰的羔羊。

### 6.用你的出价镇住对方

采购在开展竞争性谈判时,首要任务是获得供应商能够接受的最低价,而其中的要诀就是:**用你的出价镇住对方!**

具体做法非常简单,那就是作为买方,你的出价要极低。采购千万不要相信"自己的还价要接近于自己的目标成交价"这类鬼话。因为你要给自己留下足够的回旋余地。其理论基础是,如果还价接近目标成交价,谈得好时顶多也只是按此价成交,谈得不好时连目标价都完不成。

只要对方有成交的意愿,最终的结果往往会接近或低于你的目标价,无非是讨价还价更艰难一点,时间耗费更久一点。

**能够让供应商卖了低价心里还高兴是一门艺术。**这要看你有没有能力让供应商为了挣到每一分钱都必须进行艰难的谈判。作为采购,出价就是要低,如此一来,再强硬的供应商,信心也会动摇。

一个镇住对方的出价和一个愚蠢的出价有时是难以分清的。因为在谈判的过程中,什么行为能取得良好效果,什么行为不能,界限并不清晰。

一般而言,**只要能够做到言之有理而且态度足够强硬,采购开出的低价就可以成为谈判成功的基础。**这里所说的"言之有理",并不需要可证明的数据或严谨的逻辑,哪怕稍微有些牵强附会,只要供应商相信就好。

那么,什么样的理由能站住脚呢?

我们不妨学学下面案例中小王的做法。他的诀窍有两点:

(1)**让供应商觉得你是诚心想买他的产品;**

(2)**你的预算只有那么多,够不上他的要价。**

小王是一家贸易公司的采购员。他需要给公司买一台服务器,经销商的报价是96 000元,而他的预算只有85 000元。

于是,他邀请经销商的销售参观公司,并且请对方详细演示了该服务器的功能，约定过几天公司领导回来后请这位销售再为公司领导演示一遍。

几天后，经销商的销售又给公司领导从头到尾演示了一遍。

又过了几天，小王告诉对方，公司领导已经同意买下这台服务器，只是预算的上限是 80 000 元（真实的预算是 85 000 元），而且一分钱都不能加了。他还装模作样地把事先准备好的、有公司领导签字的谈话记录拿给销售看，说自己也无能为力。

"如果不能答应，我们就只能找其他的品牌经销商，看看有没有性价比更高的。这不，下周就有一家经销商来做演示。"

这些话让这位已经跑了两趟、信心十足的销售大吃一惊。他赶忙对小王说："价格我可以再向总部申请，而且我可以赠送免费培训给你们。"

三天后，销售打来电话，说他们愿意提供特别优惠价——79 900 元。"比你的预算还低 100 元呢！"但是，对方提出了两个附加条件：一是可以讲小王所在的公司正在使用这台服务器，以便招揽新客户；二是小王要对特别优惠价保密。

小王笑着答应了。

你瞧，对于上述技巧，采购只要运用得当就能取得优异的成绩。

### 7. 保持坚定的决心

有经验的谈判者都知道，无论是买方还是卖方，仅靠在谈判中表现强硬并不能引起对方的特别关注。

这里讨论的重点是如何强化你的决心，而不再关注在谈判中如何表现强硬，因为强硬是用来恫吓弱者的。

如果你懂得如何做到盛气凌人，说明你是天生的谈判者。有些说话令人感到很舒服的人，再怎么训练，也学不会装腔作势。但这并不会阻碍"温柔"的人成为谈判高手，**因为只要你拥有足够坚定的决心，你就能表现得足够强硬。**

例如，某供应商因为原材料价格上涨要求涨价，你可以不卑不亢地回答说："不行。"即使对方三番五次地找你谈，你只要下定决心，每次都说"不行"，对方的态度就会逐渐变软，最后很可能会自己给出解决方案或者提出交换条件。

因此，如果你是"温柔"的人，你就要通过决心来表现你的强硬。面对供应商的强硬，你要用更加强大的决心让对方屈服。实践证明，对方往往会软化，最后一定会愿意坐下来跟你柔声细语地谈。

有的读者会问："如果双方都很强硬，容易造成谈判没有结果，这时又该怎么办？"没错，这个世界上不存在适用于所有人、所有事的谈判方法。但是，我要提醒你算总账。如果你每次都选择让步，或者把自己的底价和盘托出，即使你每次都能有一点业绩，合计下来，你的业绩也不会太出色；如果你总是使用竞争性谈判方法，即使有一两次谈崩了，合计下来，你的业绩也一定会比前者好。

这是因为，**有决心的谈判者不会像软弱者那样把僵局看得那么严重**。他们只关心如何使交易能以更接近于自己期望值的结果成交，而不是为了成交而牺牲自己的期望值。

**如果你同意你并不满意的条款，你其实就是在告诉供应商，你能够接受任何条款。只有具备侵略性和决心的人才能为公司赢得更多利益。**

### 8. 利益交换都是讲条件的

对很多自认为懂得谈判技巧的人来说，最有用的两个字是"不行"。如果你也这么认为，这一点也不奇怪，因为之前一直在讲如何通过强硬和决心来对抗对方。其实，"不行"只能算有用，更有用的两个字是"如果"。

为什么这么说呢？

**采购说"如果"，既规避了让步所暗示的投降的意思，又提出了自己用来交换的条件，兼顾了谈判的目的。**

谈判是一种相互行为，参与的双方都有权对最后结果表示拒绝。谈判的每一方都必须同意双方达成一致的协议，每一方也能从双方同意的事项中获得一定的利益（但双方所得利益的多少可能是不同的）。

谈判双方对哪些谈判结果可作为共同协议，有时会有不同的看法。这是很自然的，因为双方都希望这个决定对自己更加有利。例如，卖方希望成交价高，买方则希望成交价低；卖方希望预付，买方则希望获得 90 天账期。

**对方所失不一定是己方所得**，因为双方都会计算总利益。例如，卖方往往愿意降低价格，换取买方提前付款。到底谁占便宜了，有时很难衡量。

因此，谈判是否成功，最后要看自己的篮子里放的是不是自己想要的东西。对自己来说不重要的东西，可能就是对方想要的，这些东西可以拿出来进行交换。

**聪明的谈判者明白，谈判就是交易的过程，自己每向目标迈进一步都务必要让对方向你前进一步。** 有的读者会问："怎么衡量谁让步多，谁让步少呢？"换言之，怎么保证自己没有将属于己方的利益拱手相让呢？

答案是：**只要不做出所予超出自己的能力或权限，而所取低于自己的需要的事情，就不算将己方的利益拱手相让。** 谈判中是没有"让步必须对等"这一说的。

谈判中最重要又最单纯的原则是：**这个世界上没有免费的午餐。** 因此，**采购在提出交换条件时，一定要确保自己的让步能够换来对方的让步，否则绝不让步。**

这时，开头提到的更有用的两个字就可以发挥作用了。

**你在谈判中什么都可以忘记，唯一不能忘记的就是在你提出任何建议或做出任何让步时，必须要在前面加上"如果"二字。**

如果你降价 5%，我可以立即签合同。如果你承担质量责任，我可以立即放行货物。如果你保证今晚到货，我可以支付加急运费。

使用"如果"二字可以使对方相信你的提议诚实可信。加上条件从句后，对方不会认为你的提议是单方面的让步，而是把两件事捆绑在一起。其中，"如果"部分是你的要价，后面的部分则是对方兑现后得到的回报。

### 9. 不要把对方的举止与你的所求联系起来

采购在谈判中经常会碰到极为难缠的对手。这种人装腔作势、言语粗暴，只会一味地要求别人，从不允许别人提出任何建议。

他们强硬惯了，认为这是赢得谈判的不二之法。在他们看来，别人只能任其宰割。他们总是用这种办法来削弱对方的意志，从没想过在谈判中应该彼此交换利益，如何应付这种人是一个难题。

人们通常想到的办法是以牙还牙或反其道而行之，这两者都不是好办法。

以牙还牙只能加剧双方的矛盾，火上浇油。每较量一次，问题也就随之升级一次，直到双方"大打出手"。

反其道而行之更差劲，因为对方会误以为你在示弱，并变本加厉地索取，直到把你打得再也站不起来。

那么，到底有没有更好的办法呢？

答案是**不要把对方的举止与你的所求联系起来**。采购一定要坚定决心，**不管对方的态度是软还是硬，都不能让其影响你追求的结果**。对方怎么说、怎么做都行，只要不影响你想要的结果，你就不用搭理他。

2019 年的夏天，我和一位女同事去青岛出差，我们预订的酒店距离机场 2 公里，步行需要 30 分钟。因为有行李，我们打了一辆出租车。

当出租车司机知道我们要去那家酒店时，他很生气地对我说："你们走 10 分钟就到了，不要搭我的车。"

我把地图打开给他看，说："我查过了，距离 2 公里，要走 30 分钟。"

于是他开始抱怨："我在机场排了 4 个小时的队，还得开空调等着，这一趟还不够空调费。"

我保持沉默，没有任何回应。

于是，他开始威胁："你们就不能走走吗？"

我没有正眼看他，只问一句："你到底拉还是不拉？"

机场的出租车协调员就站在他的车旁，他不敢不拉，于是启动车辆走了。

"你们下次不要坐出租车，坑死人了！"

我板着脸，依然保持沉默。

于是他放弃幻想，不再说话，继续开车。

此时，和我一起的女同事竟然主动向司机道歉。这可真是捅了马蜂窝，这位司机又开始像机关枪似的泄愤，直至到达酒店。

下车后，我对女同事讲："你犯了非常严重的谈判错误，你把对方的举止跟我们要的结果弄混了。如果于心不忍，你可以在到达酒店后给他一定的补偿。但是，你在过程中不应该在这种人面前示弱。你要坚定地告诉他，无论他怎么胡搅蛮缠，都绝对达不到目的。"

跟这种态度粗暴的人打交道时，你要把两条原则牢记在心：

（1）**想想对方的要求对你是否有好处；**

（2）**不能接受只有对方满意的结果。**

在上述案例中，司机犯的错误就在于他上来就撒谎说"你们走 10 分钟就到了"，以此骗我下车。他的要求对我没有一点好处，我当然不会接受。

**记住，对方如何表现是对方的事情，与你无关。** 你不要将其视为针对你个人，任其装腔作势，但不能影响谈判的结果。只要记住这一点，你对付这种人时就能从容潇洒。在谈判中，你如何行事不取决于对方的所作所为，因为**你的决心来自从谈判中能获得多少利益和你做成交易的愿望。**

## 10. 力量只存在于头脑之中

在谈判中，采购要知道力量掌握在谁的手里。掌握了力量就等于手上有了资本，没有力量则会受制于人。

那么，什么是谈判中的力量？从何处求得呢？

它是主观的，像风一样看不见、摸不着，但是感知得到。一句话，**力量存在于头脑之中。**

但请记住，在谈判中有两个头脑，即你的和对方的，而不是只有一个。有的读者会问："力量明明是客观的东西，就如大与小、多与少一样清楚，你怎么能说它是主观的呢？"这是因为，聪明的谈判者都懂得人的主观感觉的重要性，并且不断地向对方宣传自己主张的可信度。

假如你的部门需要招聘有经验的采购人员，薪资应该怎么定？

有人会说，我们应该参考该地区相同经验的采购人员的薪资水平来定。

但是在减量经济下，公司的薪资预算往往处于缩减状态，你的公司拿不出当地平均水平的薪资。当你（部门经理）跟看好的候选人谈薪资时，应该怎么办？

你要记住，求职者是人而不是市场。**跟你谈判的不是市场，而是有主观感受的人。**我们换一个角度思考，假如你是一个急于找工作的有经验的采购员，当你来到新公司的接待处，看到面试的人在排长队，而录取名额只有一个时，你会怎么想？你被录取的机会是变大了，还是变小了？

很自然，你会有点胆怯，信心会减弱，因为竞争者太多了。

你怎么知道竞争者太多了？可能你就是公司一个多月来苦苦寻找的人。如果你以为其他人都是你的竞争对手，当采购经理提出比市场价低 2 000 元的月薪时，你会拒绝吗？

也许，这些竞争对手都是采购经理故意找来的采购新人，好让你接受较低的薪资。

**可见，人的主观感受的问题在于，人总是无法确定自己的设想是否真实。**

假如对方对当前形势的看法与你截然不同，你就遇上了真正的麻烦，因为你搞不清楚这是真实的，还是虚假的。

其实，对方在谈判中采取任何举动或策略，其意图都是在影响你对双方力量对比的看法。哪一方能够改变对方的信念，哪一方的力量就会更强大，在谈判中就能获得更大的利益。反过来说，如果你认为供应商的力量强大，那么对方不用说话就已经赢了。

笔者认识一位采购经理，他每个季度都有上亿元的采购额，但是他认为定价权完全掌握在供应商手中。他向我诉苦，与他打交道的销售全都是行业专家，而自己对那些元件一知半解，遇到技术问题只能听对方的，在谈判中始终处于劣势。

这一切都是他的主观感受。**他在供应商还没有开口时就相信供应商力量更强大，供应商开口后他觉得果不其然。**其实，他完全可以相信力量掌握在自己手里。

他可以使用什么方法来表现自己的力量呢？有 3 种常用方法：

（1）**打印合格供应商名录，在谈判时当着供应商的面翻看；**

（2）**在桌上摆一摞文件，上面有供应商竞争对手的名字；**

（3）**使用撒手锏——你的出价最好比他们的出价低。**

他可以告诉供应商："不是非买你的产品不可，还有很多供应商想做。"他还可以说："我们的库存足够，不着急进货。"只要讲得令人信服，对方马上就会泄气。

因为供应商深知，卖高价、获大利容易遭忌恨，容易引来竞争。单凭这一点，供应商就不敢做得太过分。

**采购要想增加自己在谈判中的力量，就必须让供应商相信有众多供应商正在挤破头想进来。**采购如果做不到这一点，就休想增加力量。

在这里，笔者要提醒采购不要犯向供应商主动解释的错误。例如，不要说"在相同条件下我愿意跟你合作"或者"另一家供应商的质量不好，万不得已我不会考虑"。切忌当面赞扬供应商的服务好，这是在增加供应商的力量。即使你只能跟对方成交，也要让对方琢磨不透自己，心存忐忑。

你可以故意提出一些问题来增加自己的力量，例如：

- 别人的出价比你低；

- 别人答应按大宗交易给折扣；

- 别人同意给 90 天账期。

这样做即使不会产生实质效果，也会使供应商不敢提出过高的要求，减弱了对方的力量。

**只要对方认为你有力量，你就有了力量，你就可以在谈判中占据优势。**

反过来，你如果认为对方更有力量，力量就跟对方站在了一起，而你将因此付出不必要的代价。

## 3.2 成功谈判的 5 个关键步骤

要想完成一场成功的谈判，光学会战术还不够，采购需要按照以下 5 个步骤做好分析和准备。

### 1. 确认谈判的议题

例如，针对某物料年降任务的谈判。

### 2. 收集信息

做供应商背景调查（财务、文化、政治、行业、信誉、排名、产品、新闻等）和供应商谈判人员背景调查（见识、准备、能力、威信、抗压能力、谈判经验、决策授权等）。

### 3. 确定利益的排序

例如，按照价格、账期、质量、库存和交货期的次序排列。

### 4. 确立谈判目标

例如，确立价格的上限、下限（底线）和可接受条件。

### 5. 利益交换

做双方的利益分析，确定哪些条件可以和供应商进行交换。最终，谈判可能得到的结果是：

- 全部按照上限完成计划；

- 部分让步；

- 全部按照下限（底线）完成计划；

- 找其他供应商替代；

- 中断谈判，等待下一次谈判机会。

## 案例　一场以小博大的成功谈判

这是一家年采购额不到 1 亿元的新能源民企跟世界 500 强某邦公司谈离子交换膜降价的成功案例。

**案例背景：**

（1）在 2009 年，这家民企拿到一个业内最大的能源项目。采购额约为 8 000 万元，其中离子交换膜占比为 40%。

（2）某邦公司生产的离子交换膜虽然价格不是市场中最便宜的，但最耐用，所以总成本最优。

（3）这家民企是赔钱接项目，因此只有把离子交换膜的价格尽量压低才能扭亏。

### 1. 确认谈判的议题

离子交换膜的降价和供应问题。

### 2. 收集信息

某邦公司离子交换膜的市场销售价格、主要买家及其购买量、2009 年的产能情况、该公司对我国新能源行业的销售愿景、销售的授权和组织架构。

### 3. 确定利益的排序

利益排序表如表 3-1 所示。

表 3-1　利益排序表

| 甲方（民企）利益排序 | 乙方（某邦公司）利益排序 |
|---|---|
| 价格 | 销量 |
| 交货期 | 账期 |
| 质保 | 排他 |
| 账期 | 交货期 |
| 库存 | 质保 |

注：乙方的利益排序是根据谈判结果推测出来的。

### 4. 确立目标

甲方目标确立表如表 3-2 所示。

表 3-2　甲方目标确立表

| 甲方（民企） | | | |
|---|---|---|---|
| 利益 | 最优情况 | 底线情况 | 可接受情况 |
| 价格 | 50% | 60% | 55% |
| 交货期 | 提前 1 个月 | 晚交 1 个月 | 按项目进度 |
| 质保 | 赔偿一切损失 | 换货 | 换货 |
| 账期 | 90 天 | 预付 | 30 天 |
| 库存 | 零库存 | 30 天 | 30 天 |
| BATNA | 自制离子交换膜，工艺尚不成熟 | | |

注：BATNA 的英文全称是 Best Alternative To a Negotiated Agreement，即最佳替代方案，特指在谈判不成情况下的备选方案。

### 5. 利益交换——分析

乙方目标确立表如表 3-3 所示。

表 3-3　乙方目标确立表

| 乙方（某邦公司） | | | |
|---|---|---|---|
| 利益 | 最优情况 | 底线情况 | 可接受情况 |
| 销量 | 超额完成 KPI | 按甲方承诺 | 甲方实际订单 |
| 账期 | 预收全款 | 出厂收全款 | 出厂收全款 |

（续表）

| 乙方（某邦公司） | | | |
|---|---|---|---|
| 排他 | 签署独家协议 | 不明 | 不明 |
| 交货期 | 30 天 | 按项目进度 | 按项目进度 |
| 质保 | 换货 | 不明 | 不明 |
| BATNA | 不明 | | |

注：乙方的利益交换条件是根据谈判结果推测出来的。

### 6. 利益交换——结果

利益交换结果如表 3-4 所示。

表 3-4 利益交换结果

| 项目 | 结果 | 甲方 | 乙方 | 获利 |
|---|---|---|---|---|
| 价格 | 50% | 最优 | 底线 | 甲 |
| 交货期 | 按项目进度 | 接受 | 接受 | 甲乙 |
| 质保 | 换货 | 底线 | 最优 | 乙 |
| 账期 | 出厂付全款 | 底线 | 接受 | 乙 |
| 库存 | 30 天 | 底线 | 最优 | 乙 |
| 排他 | 签署独家协议 | 接受 | 最优 | 甲乙 |

从价格的角度来看，甲方拿到了 50% 的折扣，这是市场中的最低价，项目扭亏为盈，甲方得到了自己想要的结果。

从质保、账期、库存和排他的角度来看，乙方得到了自己想要的结果。

经过系统的分析和艰难的谈判，采购从比自己公司业务规模大数千倍的供应商身上取得了惊人的业绩，完成了一场以小博大的成功谈判。

## 3.3 采购如何在谈判中占据主动

本节将总结采购在谈判中该问的问题以及占有优势的情况和不占优势的

情况，帮助采购抓住一切机会为公司获利。

### 1. 在谈判中，采购该问的 6 个问题

**（1）这个项目占你们销售额的百分之多少？**

如果占比较高，采购就有谈判优势；即使占比较低，采购也不能动摇信心。

但是，占比超过供应商销售额的 30% 则不健康，说明供应商的规模太小。此时，采购应该寻找更加匹配的供应商合作。

**（2）加上这个新项目，我司在你们的客户中排名第几位？**

面对大型供应商，采购所在的公司能排进前 10 位就不错，排进前 5 位就能在谈判中占据绝对优势。

**（3）你们的产能情况如何？**

如果大于 85%，采购就要小心供应商产能不足；如果小于 60%，采购就可以把价格砍到最低。

**（4）如果马上签合同，你们希望何时拿到订单？**

这么问是为了打探供应商的财务情况，如果供应商希望尽快，那就说明对方财务情况不太好，采购可以再砍一下价格。

**（5）你们跟我司其他事业部做业务吗？**

如果有，采购可以尝试以全公司的名义再次砍价。

**（6）你们会用这个业务做行业的敲门砖吗？**

如果是，采购可以再次砍价。

### 2. 在谈判中，采购处于有利局面的 6 种情况

**（1）供应商产能过剩。**

**（2）供应商需要拿下这个业务做敲门砖。**

**（3）采购有备选供应商。**

**（4）采购量大。**

（5）甲方可以自制。

（6）供应商渴望快速增长，如有上市的打算。

### 3. 在谈判中，供应商处于有利局面的 4 种情况

（1）供货表现特别好。

（2）难以被替代。

（3）技术领先。

（4）产品差异大，几乎没有竞争。

采购在与供应商交往的过程中，切忌赞扬供应商供货表现好，或者让供应商知道自己没有备选，一定要让供应商琢磨不透自己，让每一次谈判都卓有成效。

在本章的结尾，笔者通过一则小故事帮助读者体会学习谈判知识能给采购工作带来哪些改变。

### 小故事　博弈

一天，采购员小李拿着供应商乙的调价函，找皮经理签批。

小李说："经理，因原料价格上涨，供应商提出涨价，我了解了最近的行情，确实如此。"

皮经理对供应商乙有印象：供龄 1 年左右，规模不大，产品质量稳定，离公司二三百公里，售后服务也不错，供应商负责人王总是技术出身，去年帮助公司做了很多技术改良项目，供货比例在逐渐增加。供应的货物原料占比 60%，其他占比 40%。对于此次的价格上调，皮经理觉得有些异常，于是对小李说："约一下王总，我们下午去一趟他们工厂。"

下午，皮经理和小李到达乙方工厂，皮经理并没有直接去会客室，而是要求先去车间参观。之后，皮经理和小李来到了会客室。

一番寒暄之后，王总先开口："皮经理，原料价格上涨，您看，我们的

调价函从下周一开始执行吧。"

皮经理笑着说："我刚去你们仓库看了一下，仓库里的原料大概有 500 吨，除以每月最大产能，这个料你们至少可以用一两个月。同时，我也看了入库记录，原料生产批次最新的是一个月前。王总真是高瞻远瞩啊，在原料价格低谷时大量买进，提前备了货。"

王总欲言又止。

皮经理接着说："王总，近两年营收不错吧？你们车间新增了一条进口生产线。这条生产线自动化程度很高，在业内也是数一数二的。"

王总说："是的，我们引进这条进口生产线已经大半年了，这条线生产出来的产品次品率极低、偏差极小，可以满足像咱们公司这种高端客户的要求，这种质量在国内是不多见的。"

皮经理边喝茶边说："嗯，质量是根本。比起原来的生产线，这条生产线至少可以省掉一半工人。"

过了几招，王总本想以原料价格上涨和质量提升为由涨价，但都被皮经理巧妙地反击回来，王总感觉皮经理像是业内人士，决定不再绕弯子："是这样的，皮经理，当时我们误判了行情，销售目标定高了，匆匆忙忙新增了生产线，但产能不足，同时资金周转出现了一点问题。"

皮经理继续喝茶，说："嗯，生产记录显示新生产线的开动率是 40% 左右，确实不太理想。对了，厂区内停着的货车也是今年新置办的吗？"

王总："是的，因为我们有很多省内客户，之前找的物流公司响应不及时，而且有野蛮装卸的现象。您也知道，我们的货物怕摔，为了保证品质，我们在购置生产线的同时，也购置了这辆货车。"

皮经理喝完了这杯茶，说："王总，您一直是我们优秀的合作伙伴，我们本着持续合作、双方共赢的理念，您看这样如何……"

夕阳西下，王总送皮经理和小李离开。车子启动，王总问："皮经理，您可曾在我们这个行业工作过？"皮经理笑着说："没有。"

王总看着车子逐渐远去，露出了满意的笑容。在将近两个小时的谈判中，皮经理说话很温和，但句句切中要害。王总本想通过提高价格获得更多的利润，缓解资金压力，但皮经理早已看出王总的意图，并指出这治标不治本。相反，皮经理给出了更好的建议：

（1）通过套期保值来锁定理想的原料价格；

（2）给王总更多的订单以增加新线的产能；

（3）加大最小起订量，整车配送；

（4）之前为了防止第三方物流野蛮装卸、实现多次周转而采用了五层纸箱包装，现改为整车配送后，可以简化包装，以此节省费用；

（5）付款方式由月结改为预付，这可以缓解王总的资金压力，皮经理公司则享受相应的折扣。

经过一番计算，双方共享本次合作省下来的人工费、物流费、包装费等费用，谈判的结果是双赢的：王总获得了产能，节约了成本，提升了公司利润；皮经理则拿到了前所未有的价格折扣。

小李刚入公司不久，之前总是对供应商的涨价束手无策，他总是把"能不能再优惠点"这句话挂在嘴边，有时一副苦口婆心的样子，甚至有点像在菜市场里面和小贩讨价还价的大爷大妈。今天，他上了很精彩的一课，采购的关注点不是只有价格，要学习的东西还有很多，任重道远。小李一脸崇拜地对皮经理说："经理，您是怎么做到的？"

皮经理望着窗外的景色，想到自己刚入行时和小李一样，后来通过不断了解行情，深挖供应链体系，掌握更多的信息，才做到如今谈判桌上的泰然自若。皮经理笑着回答小李："无他，唯熟尔。"

第 4 章

# 合同管理与风险规避

当有供应商诉讼时，几乎所有人都会在第一时间问："合同是怎么签的？是否有漏洞会被供应商抓住？"

一场诉讼往往涉及少则几十万元多则上千万元的赔偿，严重的话，将导致公司破产。

因此，**如何把合同签得对甲方有利，规避可能的诉讼风险，是采购从业者必备的知识和技能。**

本章将通过丰富的法律知识和诉讼案例，从采购的视角讲解合同管理与风险规避知识。

## 4.1　合同管理知识

请想一想，在采购工作中，为什么需要签署合同？

这是因为采购合同具有三个基本功能，分别是定义标的物、锁定价格，以及提供质保、赔偿、补救、终止、排他等保障。

在采购工作中，合同主要有三种应用场景：

（1）对于固定资产类采购，应用定制合同较多，需要由律师制定合同模板并审核合同内容；

（2）对于大宗物料类采购，应用标准合同或框架合同较多，使用框架合同的前提是与供应商有稳定的供应关系；

（3）对于低值易耗品等零星采购，可以直接下发订单替代合同，以提升工作效率。

合同不是签订完就完事了，公司应该**建立一套完善的合同生命周期管理**

机制，以规范合同管理，保证合同履约。这套管理机制包括：

（1）合同模板的起草、存档和使用；

（2）合同模板更新时，检查并更新已签署的合同及附件；

（3）建立台账，记录已签署的合同版本、合同标的、合同金额、生效日期和到期日期等；

（4）建立修订、领用、撤销、终止合同的审批流程；

（5）在合同到期前采取行动；

（6）合同到期后建议保留合同原件至少 2 年以上。

## 4.2　22 个真实的商业诉讼案例

本节将通过 22 个真实的商业诉讼案例，介绍从事采购工作所必备的法律知识及风险规避方法。

### 1. 要约与承诺

河北省 A 公司承包小区建设工程。当时工程急着施工，A 公司向河北省的两家钢厂 B、C 和外省的钢厂 D 发出通知，在通知中说明：**"我司因建设需要标号为 ×× 的钢材 2 000 吨，如贵司有货，请速与我司联系。"**

A 公司于同一天收到三家钢厂的复函，都说自己备有 A 公司需要的钢材，并将价格一并通知了 A 公司。B 公司在发出复函的第二天，派车队先行载运 400 吨钢材送往 A 公司。A 公司在收到三家的复函后，认为 D 公司报的价格更合理，所以于当天下午去函称将向其购买 2 000 吨钢材，请其速备货。D 公司随即复函 A 公司，说有现货并将于第三天把钢材运往河北。

在 A 公司收到 D 公司复函的第二天，B 公司的车队运送钢材到了 A 公司，并要求 A 公司收货、支付货款。A 公司当即函电 D 公司，请其仅运送 1 600 吨钢材到河北。D 公司复电说，全部 2 000 吨钢材已经发往河北。A 公司收到 D 公司复电后，就对 B 公司说，为照顾其损失，只收下 200 吨钢材，其余的不收。

A 公司再次向 D 公司发函称，本公司将仅收其中的 1 800 吨钢材，如因 D 公司多运送钢材而造成损失，则由 D 公司自行承担。第三天，D 公司的钢材 2 000 吨运到 A 公司，A 公司仅收取了其中的 1 800 吨，剩余的 200 吨不予收货，为此双方发生纠纷。D 公司向人民法院起诉，要求 A 公司承担赔偿责任。

**关键词：要约与承诺。**

构成要约的条件：

（1）要约必须具有缔结合同的目的，如需要的原因、什么时候要、谁需要、谁付款；

（2）要约原则上必须向特定的相对人发出，如供应商授权的销售代表；

（3）要约的内容必须具体明确，如时间、地点、数量、质量标准、售后服务要求等；

（4）要约必须到达受要约人，如通过电子邮件或书面签字确认。

构成承诺的条件：

（1）承诺必须是受要约人做出的，如供应商授权的销售代表；

（2）承诺的方式符合要约的要求，如交货期、售价、质量标准等；

（3）承诺必须在要约的有效期内到达要约人，如甲方要求 1 周内收到报价；

（4）承诺的内容必须与要约的内容一致。例如，甲方采购钢材，乙方销售铝材，就会产生不一致。

**案例分析：**

A 公司的行为构成了要约与承诺，因此 A 公司应对 D 公司的损失予以赔偿。

**结论：要约与承诺是合同成立的必备条件。**

**风险规避方法：**

（1）减少要约文件的发送，用 RFQ 代替；

（2）规避未签合同却缔结了合同的风险。

**2. 要约撤销**

A 公司是建筑公司，B 公司是钢材生产公司。2023 年 7 月，A 公司与 B 公司取得联系，要求 B 公司就某型号 8 万吨钢材进行报价，并明确告知，此次报价是为了计算某工程的投标价，投标将于 9 月 1 日进行，9 月 8 日开标。同年 8 月 10 日，B 公司向 A 公司发出正式要约，要约对标的物的规格、价款、交付方式、交付日期等内容做出了完整的陈述，但要约中没有注明承诺的期限。其后，由于钢材价格猛涨，B 公司于 9 月 2 日向 A 公司发出传真，表示撤销此前要约。9 月 8 日，A 公司得知中标某工程，立即向 B 公司发送传真，表示接受要约。

但 B 公司认为已经于 9 月 2 日撤销了要约，因此合同不成立。双方争执不下，并最终申请仲裁机构仲裁。

**关键词：要约撤销。**

要约撤销的条件：要约撤销应当在受要约人发出承诺之前或者与要约同时到达受要约人。也就是说，一个承诺一旦做出，再想撤销是非常困难的。撤销要约的一种方法是在得到要约后，直接声明不能做承诺，如供应商明确表明不参与投标；另一种方法是刚刚报价但是瞬即表明不参与投标，也就是在甲方还没有使用该承诺时撤销要约。

要约撤销的限制是要约人明确了承诺期限或者以其他形式明示要约不可撤销。

作为采购，当然不希望给供应商轻易撤销要约的机会，以免甲方产生不必要的损失。采购可以在发出要约（即 RFQ）时写明"报价在有效期内不得变动或撤销"；或者在供应商强行要求撤销要约时，拿出理由或者证据，证明该价格已经被甲方使用，说服供应商不撤销。

**案例分析：**

A 公司虽然在要约中没有注明报价有效期，但是 A 公司把要约的背景讲得很清楚，A 公司会拿 B 公司的报价于 9 月 1 日投标，9 月 8 日开标。

B 公司一旦报价，即做出了合法的承诺，就默认了 A 公司参与投标所采用的价格有效。

因此，仲裁机构没有支持 B 公司，B 公司的要约撤销申请无效。

**结论：要约撤销具有严格的限制条件。**

**风险规避方法：**

（1）在要约文件中注明"本要约为不可撤销要约"，即**在 RFQ 中注明供应商一旦报价便不可撤销**；

（2）在要约文件中明确承诺的期限，即**注明报价有效期不得早于某一天**；

（3）合同条款与要约内容保持一致。

### 3. 故意拖延合同签订时间

2023 年，位于东莞的 A 电子产品生产厂家得知某科技公司将大量采购电子产品的信息后，到该科技公司进行磋商，希望获得这次交易机会。但是 A 电子产品生产厂因正在完成某一订单任务，无法在科技公司要求的一个月内完成其订单，便故意以其他借口拖延合同签订时间。一个多月后，A 电子产品生产厂仍未完成之前订单，认识到无法与科技公司合作，只能放弃签约。该科技公司因与 A 电子产品生产厂长期磋商，耽误了寻找其他合作厂家的时机，得知实情后要求 A 电子产品生产厂赔偿其损失。

请问，隐瞒事实拖延合同签订时间，怎么处理？

**关键词：恶意进行磋商。**

恶意进行磋商是指在商业谈判或者磋商过程中，一方采取故意误导、拖延、隐瞒信息或者其他不诚实的行为，以达到欺骗对方或者谋取不正当利益的目的。

《中华人民共和国民法典》（以下简称《民法典》）规定，当事人在订立合同过程中有下列情形之一，造成对方损失的，应当承担赔偿责任：

（1）假借订立合同，恶意进行磋商；

（2）故意隐瞒与订立合同有关的重要事实或者提供虚假情况；

（3）有其他违背诚实信用原则的行为。

**案例分析：**

在本案中，A 电子产品生产厂家的行为符合恶意进行磋商的情形，需要承担因其行为给某科技公司造成的损失。

**结论：恶意进行磋商的一方须承担法律赔偿责任。**

**风险规避方法：**

（1）对新供应商进行产能、工艺等全面考核；

（2）多家供应商比较、备选；

（3）设置清晰的供应商选择节点。

### 4. 合同变更

2021 年，一家加工厂全额预付款购买直径 40 厘米的圆钢用于加工，但是供应商错送了直径 45 厘米的圆钢。

因为交付压力大，加工厂用了 45 厘米的圆钢，结果余量偏大、产生了浪费，加工工时也稍高。

于是，加工厂要求供应商赔偿差额损失 3 万元，但供应商要求加工厂必须每月购买 20 吨圆钢才同意每吨扣除 20 元。供应商规定的订货量远远高于加工厂的实际需求量，而且需要至少 6 年才能扣完，故双方产生争议，向人民法院起诉。

**关键词：合同变更。**

一般而言，合同标的物种类的更换、履行条件的变化、价款的增减、期限的提前或延长等变化都属于合同变更。合同变更后有可能使一方因变更而遭受损失，受损方可否要求赔偿损失要视变更协议而定。在约定变更中，双方当事人协议变更的，如对损失的赔偿有约定，则可按照约定获得赔偿，如未约定，应视为当事人放弃请求赔偿的权利。

**案例分析：**

（1）如果买方接货时已经告知送错，且表明了后续会根据实际情况索赔或处理，这种情况责任由卖方承担；

（2）如果买方接货时只是表明卖方送错货，但仍然接受，能够视为双方达成了变更合同的合意，这种情况下买方再主张对方违约大概率不能被支持；

（3）如果确实因为生产问题而不得不暂时接受，买方也将这种情况告知了卖方，这种行为的目的可以视为避免进一步的损失，卖方需要对违约行为承担责任。

**结论：合同变更的损失承担方要视情形而定。**

**风险规避方法：**

（1）合同变更的相关部分应当是交易双方达成合意。达成合意可以是书面的、口头的，也可以是双方没有明确的表达，但实际交易中均接受的，这些情况都能作为合同变更的依据。

（2）如果仅是一方变更了合同，另一方没有接受，这实际上就是违约行为。在采购工作中遇到对方单方变更合同（包括过失，如送错货），采购方应当及时通知对方更正。如果采购方暂时接受货物，那么应当明确告知对方接货行为不是同意变更合同，并尽快做出决断，同对方就货物的问题形成书面处理意见。

### 5. 定金与订金

2024 年 A 公司欲向 B 公司采购一批设备，合同价款为 500 万元，其后双方签署定金协议，约定 A 公司向 B 公司预付定金 50 万元，并在 1 个月内签署正式的买卖合同。

其后，B 公司认为合同价款过低，要求与 A 公司签署采购协议，将合同价款增加至 550 万元，如 A 公司不同意 B 公司涨价的要求，那么 B 公司将退还 A 公司的定金 50 万元，并解除双方之间的协议，不再履行。

**关键词：定金罚则。**

定金罚则是指交付定金的一方不履行合同，丧失已付定金；接受定金的一方不履行合同，双倍返还定金。

而订金没有出现在任何法典里，不受法律保护，是民间的一种用法，相当于预付款。

**案例分析：**

B 公司没有理解法律对定金的定义，混淆了 "定金" 与 "订金" 这两个概念，提出了不合法的要求，法律自然不予支持。

**结论：定金具有担保的性质，担保合同的订立及履行。**

**风险规避方法：**

（1）明确定金与订金的差别；

（2）根据交易目的在合同中设置定金条款；

（3）定金合同须以书面形式订立；

（4）定金金额不得超过合同总金额的 20%。

### 6. 不安抗辩权

电子厂 A 与科技公司 B 经协商订立了一份买卖合同。按合同约定，A 应在合同生效后的 2 个月内向 B 交付 300 件线路板，B 在收齐货后 3 日内一次性付清货款。但合同订立后没几天，A 经调查发现 B 的经营状况已经严重恶化，而且欠好几家公司的钱未还，还被法院冻结了账户和查封了财产。

A 现在很矛盾，如果按期送货，担心对方付不起货款；如不履行供货义务又担心对方告自己违约。面对这种局面，A 应该如何是好？ A 是否有权终止合同？

**关键词：不安抗辩权。**

不安抗辩权是指，应当先履行债务的当事人有确切证据证明对方丧失或者可能丧失履行债务能力的，有权中止履行合同义务。

《民法典》规定，应该先履行债务的当事人，有确切证据证明对方有下列情形之一的，可以中止履行：

（1）经营状况严重恶化；

（2）转移财产、抽逃资金，以逃避债务；

（3）丧失商业信誉；

（4）有丧失或者可能丧失履行债务能力的其他情形。

**案例分析：**

在本案中，A 应使用不安抗辩权，中止履行合同，不承担违约责任。

**结论：当事人有确切证据中止履行的，不应当承担违约责任。**

**风险规避方法：**

（1）时时考察供应商的财务状况和诉讼案件，一旦发现风险，即可使用不安抗辩权中止合同。

（2）如果已经预付款项，则要求供应商退还。

### 7. 预约合同

2024 年 1 月，A 公司与 B 公司达成合作意向，双方约定由 B 公司向 A 公司提供 30 吨钢材，经过一番协商，双方就合作事宜签订了一份合同意向书，约定一周后正式签约。期间钢材价格猛跌，A 公司却迟迟不来签约，B 公司也没有把该批钢材销售给其他用户。后来，A 公司致电 B 公司要求取消合作，B 公司认为双方已经签订了意向书，因此没有把该批钢材销售给他人，给公司造成了巨大损失，于是要求对方赔偿损失。请问，B 公司的要求合法吗？

**关键词：预约合同。**

预约合同通常是指一种约定，根据这种约定，一方同意在未来某个时间点或者某种特定条件下与另一方签订合同。

最高人民法院关于审理买卖合同纠纷案件适用法律问题的解释为，当事人签订认购书、订购书、预定书、意向书、备忘录等预约合同，约定在将来一定期限内订立买卖合同，一方不履行订立买卖合同的义务，对方请求其承担预约合同违约责任或者要求解除预约合同并主张损害赔偿的，人民法院应予支持。

**案例分析：**

A 公司应承担取消意向书给 B 公司造成的损失。

**结论：预约合同通常被视为一种具有约束力的法律文件，一旦双方在约定的时间点或者条件下未能签订正式合同，会产生违约责任。**

**风险规避方法：**

如果对采购行为没有把握，避免与供应商缔结预约合同。

### 8. 代理与授权

A 公司是煤炭贸易公司，为了方便采购工作，公司向各地办事机构的采购人员统一出具了加盖公章的授权委托书，授予采购人员签署采购合同的权限，但授权委托书没有载明有效期限。

张某是 A 公司内蒙古某办事处的采购员，2017 年 2 月因严重违纪被 A 公司辞退。A 公司由于疏忽，未将张某持有的授权委托书收回。

B 公司是 A 公司的供应商，2017 年 3 月张某以 A 公司的名义向 B 公司采购煤炭 1 000 吨，B 公司基于张某持有的授权委托书，向张某指定的收货地发运煤炭，其后张某将该批煤炭转售给 C 公司。由于 A 公司迟迟未能付款，B 公司向 A 公司发送催款函件，但 A 公司表示并未向 B 公司采购该批煤炭，并告知 B 公司张某已不是 A 公司员工，A 公司对张某的行为不承担责任。双方对此产生争议，B 公司向法院提起了诉讼。

**关键词：无权代理与表见代理。**

无权代理是没有代理权、超越代理权。

表见代理是行为人没有代理权、超越代理权或者代理权中止后以被代理人的名义订立合同，相对人有理由相信行为人有代理权，该代理行为有效。

**案例分析：**

张某在本案中构成了表见代理。虽然他没有实际的代理权，但是由于 A

公司没有及时收回授权委托书，导致 B 公司有理由相信张某有代理权，构成表见代理，所以 B 公司的损失应该由 A 公司来承担。

**结论：构成表见代理的无权代理具有法律效力。**

**风险规避方法：**

（1）不要出具空白的授权委托书或合同；

（2）授权委托事项要具体明确；

（3）授权委托要有明确的有效期限；

（4）在授权委托书上要注明公司的联系人及联系方式；

（5）在授权委托书上要注明合同确认条款"持有本授权委托书的任何人员行使授权事项，请贵公司与本公司进行确认"；

（6）建立一套规范的合同签署、履行体系；

（7）重要采购人员离职或被撤销授权，应立即通知供应商；

（8）要求交易对方提供具有授权事项的授权委托书。

### 9. 书面合同与口头合同

甲公司购买乙公司生产的薄壁复合管（专利产品），购买量高达 200 万个。甲公司谈判时颇具优势，双方口头约定采购价格为 15 元 / 个（市场价为 25 元 / 个）。双方约定订立书面合同，但终未订立。

供货至 30 万个时，乙公司以原材料涨价为由，要求提高价格，而甲公司已不可能更换产品。

那么，这样的口头合同是否成立呢？

**关键词：合同形式与合同效力。**

合同形式包括书面形式、口头形式和其他形式；除特殊规定外，口头形式与书面形式具有同等法律效力。

**案例分析：**

如何证明口头合同存在是关键。如果供应商不承认该口头合同，那么采购很难证明口头合同的存在。

结论：口头合同有效，但不利于合同履行。

**风险规避方法：**

（1）减少非书面合同的使用；

（2）临时订立口头合同后，应在第一时间补签书面协议。

### 10. 商务条款和法律条款

A 公司是环保设备供应商，B 公司是化工公司。2016 年 5 月，A 公司与 B 公司签署定做合同，由 A 公司向 B 公司销售焚烧炉一套，约定验收合格后 B 公司向 A 公司支付 800 万元。

合同中对验收合格的定义是：调试完成后设备稳定运行 72 小时，甲方进行验收，验收期间设备连续正常运行 1 个月，且合同约定指标均满足要求，甲方向乙方开具"安装竣工验收单"作为结算凭证。

2016 年 12 月，A 公司交付焚烧炉，焚烧炉业已运转，但 B 公司并没有向 A 公司开具验收单，并主张焚烧炉没有通过验收。

**关键词：商务条款与法律条款。**

商务条款是指质量标准、检验标准、付款方式等条款。法律条款是指权利义务、违约责任、争议解决等条款。

**案例分析：**

什么叫稳定运行？如果因为甲方原因（如停机保养），设备没有连续运行，应该怎么办？

本案自开庭起甲乙双方都在不断举证，法院缺乏判决依据，建议双方调解。可见，模糊不清的条款给甲乙双方造成的损失都很大。

**结论：法律条款需要结合商务条款来制定，要规定得清清楚楚才能有效执行。**

**风险规避方法：**

（1）条款设计要严谨、规范、易理解；

（2）从合同执行角度分析条款的可操作性；

（3）起草部门或审查部门要与技术部门进行衔接；

（4）重要时间节点以书面形式确定；

（5）违约金条款要明确违约金标准和依据；

（6）赔偿金条款要明确赔偿的计算方式；

（7）运费负担要进行明确约定。

### 11. 逾期

2023 年 11 月 6 日，位于大连的 A 公司向 B 公司采购了 500 个保温杯，要求杯体上印有 A 公司的名称及"新年快乐"字样，用于新年的员工福利。双方在合同中约定：交货期限为 2023 年 12 月 31 日。这样员工可以在春节之前拿到保温杯。

直到 2024 年 2 月 16 日，春节过后，保温杯才送达 A 公司。据此，A 公司拒收保温杯，同时向 B 公司发函要求解除合同。

收到合同解除通知后，B 公司认为，A 公司所购买的是定制化产品，如果解除合同，自己将遭受损失；A 公司则认为，双方约定的交货期限已过，B 公司已收到合同解除通知，意味着合同已经解除。

双方因此发生争议，向 A 公司所在地的人民法院提起诉讼。

如果你是法官，应该如何裁决呢？

**关键词：逾期纠纷。**

逾期纠纷是指合同一方未能按照合同约定的时间或者期限履行合同义务而引发的纠纷。

《民法典》对逾期纠纷有明确的规定，公司在如下情形下可以解除合同：

（1）履行期限届满，供应商明确表示或以自己的行为表明不履行供应义务；

（2）供应商延迟履行主要义务，且在采购方催告后，供应商在合理期限内仍未履行；

（3）供应商延迟履行义务，导致采购方的合同目的无法实现。

**案例分析：**

很显然，本案 B 公司触犯了第三条，A 公司解除合同的要求受到法律保护。

**结论：逾期方需承担违约责任。**

**风险规避方法：**

（1）签订合同时，可将自己的合同目的和重要的时间节点告知对方；

（2）在合同即将或已经发生延迟时，催告供应商；

（3）如合同目的已经无法实现，则无条件解除合同；

（4）因延迟给甲方造成的损失，可另行提起诉讼，要求供应商赔偿。

### 12. 可预见损失

2018 年 6 月 1 日，因棉花质量低于合同约定的（二级）皮棉，位于新疆的 A 商贸有限公司将同样位于新疆的 B 棉花加工有限公司告上法庭，并出示了公正检验证书，认定棉花普遍下降两个等级，要求 B 赔偿每吨 6 000 元的损失费。

B 当庭抗辩称："按照市场上的质量等级差价，B 应当赔偿 400 元 / 吨。其余损失是由于 2018 年 1 月棉花价格大涨，5 月棉花价格大跌，A 的高买低卖行为造成的，属于行情下跌的损失，不应由 B 承担。"

请问，如果你是法官，你会怎么裁决？

**关键词：可预见性原则。**

可预见性原则指的是在审理合同纠纷案件中，确认违约方的赔偿责任应当遵循的原则，即违约方仅就其违约行为给对方造成的损失承担赔偿责任，对由于市场风险等因素造成的、双方当事人均不能预见的损失，因非违约方过错所致，与违约行为之间亦没有因果关系，违约方对此不承担违约责任。

**案例分析：**

基于可预见性原则，应该判 B 胜诉。

**结论：可预见性原则有助于保障当事人的合法权益。**

**风险规避方法：**

在法律行为中，应合理地预见可能的后果，并采取预防措施以规避潜在的风险，从而减少纠纷的发生。

### 13. 默示条款

2023 年 4 月 2 日，位于深圳的某供应商甲向位于大连的客户乙发出电子邮件，内容为："贵司在我司定制的线缆还有 50 万元的库存，现在需要发往贵司，以便收到货款。如贵司在收到本邮件 7 日内不予回复，则视为贵司接受我司的邀约，合同成立。"

由于客户乙没有回复，保持沉默，供应商甲于 2023 年 4 月 9 日将线缆发运。线缆到达客户乙的所在地后，遭到乙的拒收。甲乙双方就合同是否成立产生争议，遂上诉至人民法院。请问，如果你是法官，你会怎么裁决？

**关键词：默示条款。**

默示条款是指某些条款或条件虽然没有在合同中载明，但依据法律和惯例被视为默认存在，并视为合同的明文条款。

《民法典》规定，默示只有在法律有规定或者当事人双方有约定的情况下才有效。如果事先没有约定，也没有习惯做法，而仅仅由要约人在要约中规定，那么不答复就视为承诺，于法无据。

**案例分析：**

供应商甲对默示条款的理解有误，诉讼的诉求不成立。

**结论：在起草和签订合同时，双方应当充分考虑到可能存在的默示条款，并在合同中明确表述双方的意图，以避免产生不必要的纠纷。**

**风险规避方法：**

作为甲方，要避免在合同中与乙方约定任何含糊的默示条款，而只同意对自己有明确益处的条款。

### 14. 承揽

2019 年，电气公司 A 与电业公司 B 签订一份工业品买卖合同，其中约定了 A 向 B 供应电气设备并负责整体安装。合同中的产品报价单列明了各设备名称、型号、数量、单价，合计为 358 万元。2020 年年底，A 向 B 提交竣工验收报告，报告中所附产品清单显示的总价为 847 万元。2022 年年初，双方在现场核对后签署了施工统计文件，确认了部分项目的单价及分项价款，但尚有部分项目的单价及分项价款无法根据合同条款确定，因此双方产生了争议，并请求人民法院判决。请问，如果你是法官，你会怎么裁决？

**关键词：承揽。**

承揽是一种合同关系，其中一方同意为另一方提供特定的服务或者完成特定的工作，通常以货币或其他形式的报酬作为交换。

《民法典》规定，合同生效后，当事人就质量、价款或者报酬、履行地点等内容没有约定或者约定不明确的，可以协议补充；不能达成补充协议的，按照合同相关条款或者交易习惯确定。当事人就价款或报酬约定不明确依据上述规定仍不能确定的，则按照订立合同时履行地的市场价格履行。

**案例分析：**

涉案合同名义上称为买卖合同，实质上却是承揽合同。该合同规定了承揽人按定作人要求完成工作，定作人可随时修改、调整承揽指令。在承揽人完成工作并交付相应成果之后，定作人应当支付相应的报酬，这符合加工承揽合同法律特征。法院参照合同签订地市场价，最终判决 B 支付给 A 482 万元。

**结论：承揽人有责任按照合同约定完成工作，并且委托人有责任支付约定的报酬。**

**风险规避方法：**

严格管控项目增项，提前做好记录和价格核实，以免事后产生争议。

### 15. 融资租赁

2018 年 11 月，A 公司与王某签订了融资租赁合同。之后，A 公司按照约定向王某交付了租赁设备，但王某未按照约定足额支付租金。故 A 公司向法院起诉王某，请求判令解除融资租赁合同，要求王某支付拖欠租金、违约金并返还设备。请问，如果你是法官，你会怎么裁决？

**关键词：融资租赁。**

融资租赁是一种特殊的租赁形式，它允许租赁人以租赁方式获得资产（如设备、机器、车辆等）的使用权，同时支付租金。

在融资租赁合同中，一旦承租人支付了全部租金，设备的所有权就会转移给承租人。例如，租赁费总计为 100 万元，10 年付款完毕租赁物就属于承租人。如果当承租人支付了 50 万元租金，再支付 50 万元就可以获得设备所有权的时候，出租人要求解除合同，同时还要求支付剩余租金，那么出租人将可能获得不成比例的利益。

**案例分析：**

A 公司在选择收取租金的情况下不能解除合同并收回租赁物。最终，法院判决王某给付 A 公司全部未付租金及逾期租金的违约金，驳回 A 公司解除合同的请求。

**结论：防止融资租赁的出租方获利过当。**

**风险规避方法：**

搞清楚融资租赁的特征与法律条款，在做决策之前咨询专业律师。

### 16. 无效合同

2023 年，租赁大连市 ×× 大厦五层的 A 公司，在一次消防检查中偶然发现，业主——B 公司持有的工程竣工验收证明只是 ×× 大厦主体和基础部分的验收，×× 大厦整体工程质量验收至今尚未办理。遂以该租赁标的物未办理竣工验收与消防验收为由提起诉讼，请求法院判令双方签订的

××大厦五层租赁合同无效，拖欠的租金不予支付。请问，如果你是法官，你会怎么裁决？

**关键词：无效合同。**

无效合同是指在法律上不具备法律效力的合同。这意味着，尽管当事人可能已经达成了协议，但由于某些法律原因，该合同被认为是无效的，因此不具有法律约束力。

无效合同可能是由以下原因之一造成的：

（1）违反法律规定；

（2）违反公共秩序或道德；

（3）当事人资格不符；

（4）意思表示不真实。

**案例分析：**

特别法有规定的，应首先适用特别法，只有在不能获得特别法保护的情况下，才能适用普通法的保护。据此，本案应优先考虑适用特别法，即《中华人民共和国建筑法》（以下简称《建筑法》）及《中华人民共和国消防法》（以下简称《消防法》）的相关规定。《建筑法》规定："建筑工程竣工经验收合格后，方可交付使用；未经验收或者验收不合格的，不得交付使用。"《消防法》规定："按照国家工程建筑消防技术标准进行消防设计的建筑工程竣工时，必须经公安消防机构进行消防验收，未经验收或者验收不合格的，不得投入使用。"因此，租赁合同无效。

**结论：即使当事人已经达成协议，但由于某些法律原因，该合同被认为无效，不具有法律约束力。**

**风险规避方法：**

出租方应提前核实所有资质是否齐全，合法出租。租赁方若发现出租方有违法之处，可解除合同。

### 17. 录音

在与供应商的沟通中，采购如果被供应商偷偷录音，该录音作为证据是否有效？

**关键词：录音。**

对于录音行为，我国的法律是这样界定的。

（1）录音取得方式应当是合法的。录音是在合理的场所进行，不能采用窃听，偷听他人隐私，侵犯他人隐私权。例如，不能在他人房子私自安装窃听设备。

（2）录音的内容要真实、连贯，任何人不得进行剪辑。例如，录音时故意引导对方做某些回答，然后经过剪辑，获得一份有利的证据，这种证据会被认定为无效。

（3）录音时对方的言论是真实意思表达，完全没有受其他人的胁迫和威胁。例如，通过限制人身自由、绑架、威胁等手段获得的录音证据是无效的。

（4）录音音质要清晰，录音内容应完整讲述案件要证明的事实。

（5）录音资料不要删除，要保留原始录音材料。

**结论：若录音证据符合上述条件，法院应当确认录音证据是有效的。**

**风险规避方法：**

避免口头传达，尽量书面传达。

### 18. 货物交付与风险负担

2023 年 6 月 8 日，大连 A 公司与深圳 B 公司签署买卖合同，合同约定 A 公司向 B 公司采购某规格轮胎 200 条，并写明了 A、B 公司的具体经营地址，同时约定由 B 公司安排货物运输，运输价款包含在合同总价款中，但并没有约定收货地址。

其后，B 公司进行轮胎的出货，并委托 C 公司负责运输，C 公司派出运输车辆在 B 公司的仓库装货，之后驶向大连，但车辆行驶到山东某地区时发生火灾，车上货物全部毁损。

A、B 就货损的承担问题发生争议，A 公司认为 B 公司未能将货物交付到 A 公司，因此该损失应当由 B 公司承担，B 公司认为货物已经交付给物流公司，该损失应当由 A 公司承担。

**关键词：所有权转移与风险负担。**

所有权转移与风险负担是指：

（1）在标的物交付时，标的物的所有权转移，但法律另有规定或者当事人另有约定的除外；

（2）标的物毁损、灭失的风险，在标的物交付之前由出卖人承担，在交付之后由买受人承担，但法律另有规定或者当事人另有约定的除外；

（3）当事人没有约定交付地点或者约定不明确，标的物需要运输的，出卖人将标的物交付给第一承运人后，标的物毁损、灭失的风险由买受人承担。

**案例分析：**

当事人没有约定交付地点或者约定不明确，标的物需要运输，出卖人将标的物交付给第一承运人后，标的物毁损、灭失的风险由买受人承担。因此，轮胎的损失应由 A 公司承担。

**结论：所有权转移和风险负担可以进行约定。**

**风险规避方法：**

（1）在合同中约定准确的交付地点；

（2）定义交付时可以进一步明确"卸货至指定区域"；

（3）交付条款与验收条款相衔接，如"初步验收后视为交付"；

（4）合同中没有约定交付地点或者约定不明确，可另行以书面形式补正。

### 19. 检验与验收

2022 年，A 公司与 B 公司签署一份买卖合同，合同约定 A 公司向 B 公司出售大型生产设备一套，验收款为 1 000 万元。

其中，设备检验条款的内容为：双方约定，设备交付安装完成之日起 30 日内，B 公司须进行设备检验，检验期间如发现设备无法有效运转，A 公司负责调试。检验合格后，B 公司支付验收款。

2023 年 3 月 2 日，A 公司完成设备安装，B 公司随后对设备进行试运行。在试运行期间，A 公司参与了设备运行的调试，并对个别运转问题进行了处理。2023 年 4 月 9 日，A 公司向 B 公司开具验收款发票，并要求 B 公司支付验收款 1 000 万元。2023 年 4 月 21 日，B 公司回复 A 公司，因该设备产能未能达到合同约定的产量，并且设备存在质量问题，不能有效运行，现已停产，故该设备未能通过验收，拒绝支付验收款。双方就此产生争议。

**关键词**：检验期间、质量异议和检验证据。

（1）检验期间：合同约定 > 合理期间 > 质保期 >2 年。

（2）质量异议：检验期间内未通知质量异议即视为质量合格。

（3）检验证据：保留检验期间相关证据，并由交易对方签署。

**案例分析**：

在合同规定的检验期内，甲方未通知乙方质量异议，即视为质量合格。因此，B 公司应当支付验收款。

**结论**：及时检验，及时通知。

**风险规避方法**：

（1）约定较长的验收期对买方有利；

（2）在合同中要明确验收标准；

（3）做好验收期间的证据保全；

（4）买方在验收期届满前应书面通知验收结果；

（5）买方应将验收与合同解除条款衔接；

（6）买方应将验收与违约条款衔接；

（7）买方应将验收与付款条款衔接；

（8）买方应将验收与延迟交付条款衔接；

（9）验收可分为外观和功能两个部分。

### 20. 样品封存与隐蔽瑕疵

大连 A 公司为工艺品贸易公司，于 2023 年联系位于景德镇的瓷器生产公司 B 公司，并向 B 公司发送一份采购需求清单，在清单中简要描述了所需瓷器的种类。B 公司随后向 A 公司发送几件瓷器样品，A 公司对瓷器样品非常满意，随后与 B 公司签署瓷器买卖合同。合同约定凭样品买卖，B 公司交付的瓷器须与此前样品一致。

货到以后 A 公司进行检验，发现交付的瓷器虽外观与样品一致，但制作工艺存在差异，且材质也与样品不同。

其后，A 公司向 B 公司提出异议，并要求退货。但 B 公司对此予以否认，并否认 A 公司所主张样品为 B 公司提供。A 公司起诉至法院，并请鉴定机构对瓷器进行鉴定，鉴定结论是 B 公司交付的瓷器与 A 公司提交的样品确实不同。

**关键词：样品封存。**

样品封存是指凭样品买卖的当事人应当封存样品，并对样品质量予以说明。

**案例分析：**

样品应该经过甲乙双方的签字确认，才能被视为甲方认可、乙方接受的封存样品。因为 A 公司并未做样品封存，所以法院无法支持 A 公司的诉讼请求。

**结论：未经封存的样品不能作为合同履行的依据。**

大连 A 公司为工艺品贸易公司，为购置一批瓷器进行销售，联系位于景德镇的瓷器生产公司 B 公司，并向 B 公司发送一份采购需求清单，在清单中简要描述了所需瓷器的种类。B公司随后向A公司发送几件瓷器样品，A公司对瓷器样品非常满意，随后与B公司签署瓷器买卖合同。双方共同对瓷器样品进行封存，并签署凭样品买卖合同。

货到以后A公司进行检验，未提出任何异议。但半年后，A公司发现所有瓷器均出现"釉裂"，只能降价销售。A公司要求B公司对此进行赔偿，但B公司回复，其交付的货物与样品相同，并没有违反合同约定，因此不同意进行赔偿。

**关键词：隐蔽瑕疵。**

隐蔽瑕疵是指买方不知道样品存在瑕疵，即使交付的产品与样品相同，卖方交付标的物的质量仍然应当符合同种物的通常标准。

**案例分析：**

卖方对标的物应当承担质量担保职责，确保质量达到通常水平。

B公司销售的瓷器过早出现"釉裂"，其质量明显低于通常标准，B公司应赔偿由此给A公司造成的损失。

**结论：卖方对交付标的物承担质量担保责任。**

**风险规避方法：**

（1）双方共同对样品进行封存，并加盖印章或签字；

（2）即使存在样品参考，仍要明确产品的主要质量标准；

（3）检验时如需打开封存的样品，应在核实完毕后重新封存样品。

## 21. 发票及交付

2018年3月，B公司需要一批钢材，并以电话的方式向A公司进行采购。由于合同金额不大，且B公司急需钢材，双方没有签署任何书面合同。A公司接到电话以后将约定的钢材送至B公司，同时向B公司开具了等额的增值税发票，B公司收到发票后进行了实际抵扣。

但是，B公司迟迟未能付款，经A公司催要后B公司仍拒绝支付。A公司起诉至法院，但B公司在庭审中辩称并没有收到A公司的货物，同时A

公司不能提交 B 公司接收货物的凭证或发货凭证。

**关键词：增值税发票与税款抵扣凭证。**

**案例分析：**

因 A 公司没有直接证据证明 B 公司收到货物，故 A 公司败诉。

**结论：增值税发票、税款抵扣凭证不能作为货物交付的直接证据。**

**风险规避方法：**

（1）卖方自行发货时应要求买方签署接收凭证；

（2）卖方委托物流公司运输时应要求物流公司签署接货凭证；

（3）物流公司交货时应要求买方签署收货凭证；

（4）必要时可拍照、拍摄作为交付证据；

（5）货物交付后及时跟进，留存货物接收证据。

### 22. 不可抗力

如果问你，由于不可抗力因素导致厂家延迟开工，给客户造成的损失由谁承担呢？你会如何回答呢？

**关键词：不可抗力。**

所谓不可抗力，是指合同订立时不能预见、不能避免并不能克服的客观情况，包括自然灾害，如台风、地震、洪水、冰雹；政府行为，如征收、征用；社会异常事件，如罢工、骚乱等。

关于不可抗力，《民法典》有三条规定：

（1）合同中是否约定不可抗力条款，不影响直接援用法律规定；

（2）不可抗力条款是法定免责条款，约定不可抗力条款如小于法定范围，当事人仍可援用法律规定主张免责；如大于法定范围，超出部分应视为另外成立了免责条款；

（3）不可抗力作为免责条款具有强制性，当事人不得约定将不可抗力排除在免责事由之外。

**结论：不可抗力具有强制性。**

**风险规避方法：**

当不可抗力发生时，公司要在第一时间通知客户，同时采取一切行动来克服不可抗力造成的不良影响，或者以此来证明该不良影响无法被克服，并保留相关证据。同时，采购应要求供应商采取相同的行动，而不能受夹板气。

## 4.3　27个合同要点

一份标准的商务合同有哪些要点呢？

笔者总结了合同的27个要点，如表4-1所示。

**表 4-1　合同的27个要点**

| | | |
|---|---|---|
| （1）订单及变更 | （2）接受 | （3）货物的交付和所有权 |
| （4）延期、超量和短缺 | （5）价格 | （6）付款条件 |
| （7）质量 | （8）陈述和保证条款 | （9）中断条款 |
| （10）责任 | （11）安全与环境保护 | （12）进入供应商场所 |
| （13）广告 | （14）保密 | （15）提供的材料 |
| （16）不可抗力 | （17）分包 | （18）与工具和模具有关的特殊条件 |
| （19）终止 | （20）补救措施 | （21）守约与义务 |
| （22）变更 | （23）提供的服务 | （24）法律及争议解决 |
| （25）标题 | （26）产品特殊要求 | （27）版本 |

### 1.订单及变更

**甲方在合同中要写明预测和订单的下发规则。** 在长期的商务合作过程中，无论是甲方还是乙方，都有可能因为商务流程变更而导致订单形式变更，因此甲乙双方需要约定清楚变更触发的方式，尤其是与订单（甲方负法律责任）和预测（甲方不负法律责任）相关的变更，甲乙双方要确保理解到位。

### 2. 接受

货物到达甲方指定位置，自甲方签字收货起发生物权转移；品管签字确认来料的质量合格即视为甲方接受货物。

对于设备和服务类产品，使用部门授权人的书面签字可作为接受依据。

### 3. 货物的交付和所有权

**甲乙双方要规定清楚贸易条款**，如甲方上门取货或乙方送货到门，以及货物在不同环节的所有权。在合同没有明确规定所有权转移的情况下，一旦货物离开乙方工厂，一切风险便由甲方承担。因此，采购在签合同时要写明货物必须交付到甲方指定地点，经双方签字确认，货物的所有权才转移给甲方。

### 4. 延期、超量和短缺

供应商晚交货应该怎么处理？允许接收还是无偿退还？是否收取罚金？供应商的发运数量多于订货数量时，是否允许接收？发运数量少于订货数量时，是否允许接收？

甲方需要事先考虑到这些情况并将处置办法写入合同。

### 5. 价格

**所有价格必须是未税单价和未税总价**，在合同中要注明发票类型和税率。在每个数字后面都要加上大写汉字，如"10 000 元（人民币壹万元整）"，避免因字迹不清而产生纠纷。

### 6. 付款条件

采购要考虑预付款、发货款、到货款、质保金和账期，强调在产品验收合格且甲方收到全额发票之日起计算账期。

### 7. 质量

采购要考虑以下问题：质量的标准是什么？按照国际标准、行业标准、图纸上的要求还是封存的样品？是否有质保期的要求？是否有特殊材质或者特殊产地的要求？

### 8. 陈述和保证条款

采购要考虑以下问题：乙方货物如有质量问题，甲方是否可以无条件退货或者要求乙方按照货值赔偿甲方？对于乙方给甲方造成的损失，甲方是否可以追偿？如何计算损失？

### 9. 中断条款

商务合作中断的可能性有很多，例如：

（1）甲方提前3到6个月通知乙方，合同无条件中断；

（2）甲方或者乙方失去履约能力（如破产或被并购）；

（3）甲方不按时支付货款；

（4）乙方样品质量持续达不到甲方的要求。

### 10. 责任

甲乙双方要履行的责任有很多，例如：

（1）甲方按时验收、按时付款；

（2）乙方确保交货期和质量；

（3）乙方保证遵守保密协议。

### 11. 安全与环境保护

供应商应确保生产环境安全，符合国家环保要求。

乙方人员进入甲方场地时要遵守甲方的环境安全规定，一旦发生意外或给甲方造成损失，由乙方承担责任。

### 12. 进入供应商场所

甲方人员提前一天通知乙方，即可进入乙方场地考察，乙方须确保甲方人员的人身安全。

### 13. 广告

甲方通常不允许产品上有供应商标志。未经甲方同意，乙方不得擅自披露涉及甲方产品的信息，不得公开与甲方的商务合作信息。

### 14. 保密

甲乙双方的沟通内容和邮件往来仅限双方使用，不得向任何第三方泄露，否则由此造成的一切损失由泄密方承担。

### 15. 提供的材料

未经甲方允许，乙方不得带走任何材料，使用后必须归还，不得留底。在甲方强势的情况下，合同应明确双方合作产生的一切知识产权归甲方所有。

### 16. 不可抗力

洪水、地震、火灾等不可抗力一旦发生，乙方要在发生后的三日内通知甲方，合同终止，乙方免责。

### 17. 分包

未经甲方批准，乙方不得将甲方的业务分包出去。

### 18. 与工具和模具有关的特殊条件

乙方负责维修、保养甲方存放在乙方的固定资产，如工装、模具等，确保甲方的资产是完好可用的。

### 19. 终止

甲方或乙方违约，或合同到期，或经双方协商达成一致，合同即可终止。

### 20. 补救措施

当乙方产品或服务不达标时，乙方要立即采取补救措施。如因乙方过错导致甲方需要从其他供应商处紧急采购物料满足生产需求，则乙方应承担由此产生的一切费用。

### 21. 守约与义务

如交易流程变更，甲方或乙方有义务提前告知对方。如有争议，甲乙双方应友好协商解决。

### 22. 变更

产品、设备、地点、原料、人员、股东、流程、单据、规则等都可能发生变更。乙方变更前须将变更内容以书面形式通知甲方，经甲方书面同意后方可执行。

### 23. 提供的服务

常见服务包括模具保管、售后服务、分析不良品产生原因、提供 15 年备件等。

### 24. 法律及争议解决

一般由甲方所在地的法院或仲裁机构解决争议，外企则由中国国际经济贸易仲裁委员会（CIETAC）仲裁。

### 25. 标题

合同标题一般是"关于某物料的采购合同"或"关于某服务的采购合同"，也可能是"长期供货协议"或"长期服务协议"，还可能是"某合同的补充协议"。

**26. 产品特殊要求**

例如，线束弯折 3 万次不断，杯子在 1 米高处掉落 1 000 次不碎，瓷器放置半年没有"釉裂"，铝压铸件经受 72 小时的耐腐蚀测试等。

**27. 版本**

版本可以采用"起草日期 + 供应商编号 + 版本号"的形式，如"20190514（起草日期）B0032（供应商编号）V01（版本号）"。

有合同管理信息系统的公司可以使用系统自动生成的合同号。

## 4.4 采购必备的 5 个合同知识

本节将以问答的形式介绍采购必备的 5 个合同知识。

**1. 问：分支机构和内部机构是否可以成为合同主体**

答：分支机构是指公司法人为实现其职能而在总部之外设立的，可以自己的名义进行民事活动，但是不能独立承担民事责任的非法人组织，如分公司、分行、营业部、办事处等。

分公司可以自己的名义对外签订合同。

**对于与分公司开展业务的公司或个人来说，没有必要必须要求分公司在合同上加盖总公司的印章。**只要审查总公司对分公司的授权委托书，以及其登记的营业执照，明确总公司授予了分公司哪些业务范围，分公司在总公司的授权范围内所签订的合同有效。

**2. 问：合同对方超越经营范围订立合同，是否无效**

答：《民法典》规定，当事人超越经营范围订立合同，人民法院不因此认定合同无效，**但违反国家限制经营、特许经营以及法律、行政法规禁止经营规定的除外。**

3.问：要约与要约邀请的差别是什么

答：（1）《民法典》定义，如招标邀请，即为要约邀请；

（2）根据当事人的意愿区分，如商店在其展示的服装上标示"六折出售"字样及价格，则为要约；如标明为"样品"，则为要约邀请；

（3）根据订约提议的内容是否包含合同的主要条款，要约的内容应该具体、明确、全面，如一份订单只有采购货物的名称、规格，没有数量，则不可能成为要约；

（4）依据交易习惯，如出租车开亮车灯，视为向不特定人发出要约。

4.问：当事人仅在合同上盖章而没有签字的，合同有效吗

答：《民法典》规定，签字或者盖章，合同均可发生法律效力。

但是，**如果合同约定"本协议自双方签字、盖章之日起生效"，则表示签字和盖章是并列关系，两者均要具备。**

5.问：试用的默示同意是指什么

答：《民法典》规定，试用买卖的买受人在试用期内可以购买标的物，也可以拒绝购买。**试用期届满，买受人对是否购买标的物未作表示的，视为购买。**

10 个法律风险及其规避方法，扫描右侧二维码即可查看。

本章的结尾将以采购员小明与采购合同的故事回顾本章部分知识点，帮助读者理解合同管理和风险规避的重要性。

**小故事** 采购员小明与采购合同的故事

小明是一家大型制造业公司的采购员，负责采购原材料。由于他工作认真负责，深受公司领导和供应商的信任。一天，小明接到了公司领导交代的

任务——与一家新的供应商签订一份采购合同，购买一批重要的原材料。这份合同对公司的生产至关重要，因此小明十分重视。

小明多次与供应商洽谈，并最终从××化工公司找到了符合要求的原材料。他们商定了合同的具体内容，包括原材料的品种、数量、质量标准、交货时间、价格等。小明认真地核对了合同的每一个细节，并在与供应商进行了充分的沟通和协商后，最终达成了一致。

在签署合同的当天，小明带着合同文件来到了××化工公司。其总经理热情地迎接了小明，并进行了简短的交谈。接着，小明仔细地阅读了合同的每一项条款，并确保了合同内容与之前商定的一致。在确认无误后，小明和供应商的总经理一同在合同上签字盖章，正式签订了这份重要的采购合同。

然而，就在合同签署后的几个月里，小明开始发现一些问题。原本承诺的交货时间一再推迟，而且供应商提供的原材料质量也不尽如人意。小明多次与供应商进行沟通，希望能够解决这些问题，但供应商总是以各种理由推脱。小明感到非常焦急和无奈，因为这些问题已经严重影响了公司的生产进度，甚至导致了一些销售订单的延误。

小明决定向公司领导汇报这一情况，并寻求解决方案。在领导的支持下，小明和公司的法务部门一起对合同进行了仔细的分析。他们发现，原来在合同中，虽然明确规定了交货时间和原材料质量标准，但**在合同中并没有明确约定相应的违约责任和补偿措施**。这也就意味着，**公司在面对供应商的违约行为时，缺乏有效的法律依据和保障。**

小明决定采取行动，他与公司领导一起前往"××化工"公司，与供应商进行了一次严肃的谈判。在谈判中，小明坚定地向供应商提出了公司的诉求，并要求供应商承担相应的违约责任。同时，小明还提出了对合同进行修改的建议，明确约定了双方在合同履行中的权利和义务，以及违约责任和补偿措施等内容。

经过一番激烈的谈判，双方最终达成了一致。供应商同意按照小明提出的修改意见对合同进行调整，并承诺在未来的合作中严格履行合同约定。同时，供应商也同意对之前的违约行为进行相应的赔偿，并承担了相应的责任。

这次的经历让小明深刻地认识到了合同的重要性。合同不仅是双方协商的结果，更是保障双方权益、规范交易行为的法律依据。在今后的工作中，小明更加重视合同的签订和履行，确保合同内容的合理性和完整性，以及在合同履行中严格把控供应商的履约情况。

最终，通过小明的努力和公司的支持，与供应商的合作关系逐渐恢复正常。这为公司生产的稳步恢复奠定了基础，进而促进了公司的发展和壮大。同时，小明从这次合同纠纷中积累了宝贵的经验，这为他未来的职业发展奠定了坚实的基础。

第 5 章

**供应商开发与绩效管理**

供应商开发是经过层层筛选找到最合适的供应商做最合适的业务的过程。

供应商开发是采购工作的重点。开发优秀的供应商可以帮助公司在源头解决问题，规避牛鞭效应。

相较于询价、谈判与合同，供应商开发与绩效管理较难上手。采购需要几十次乃至上百次地审核供应商，才有能力准确辨别新供应商的优缺点。采购要想切实推动供应商的绩效提升，必须具备丰富的经验并善于与供应商沟通。

本章将分享大量的实战经验和技巧，帮助读者快速提升供应商开发与绩效管理的实战能力。

## 5.1　开发供应商的原因及供应商的分类

采购开发供应商的原因有很多（见表 5-1）。例如，在新产品开发阶段，由于现有供应商能力不足，采购需要开发新供应商以满足新产品的要求；在产品的量产期，采购需要引入新供应商，完成保供、降本、比价和绩效提升等任务。

针对独家供应的情况，采购需要不断寻找新的供应商，逐步削弱瓶颈供应商的强势地位。对于工厂周边的供应商，采购要优先开发。

表 5-1　供应商开发原因汇总表

| 产品开发期 | 产品量产期 |
| --- | --- |
| （1）出现新的技术、零件、材料、设备、服务等需求，而现有供应商的经验、工艺、产能、人力资源或资质不能满足新的需求<br>（2）独家供应<br>（3）近地开发等 | （1）引入低成本供应商降本<br>（2）现有供应商提出涨价<br>（3）合同续约前的比价<br>（4）现有供应商绩效不达标<br>（5）现有供应商产能不足<br>（6）与现有供应商关系破裂<br>（7）独家供应<br>（8）近地开发等 |

按照供应商与甲方的不同业务关系，供应商通常分为以下 12 类。

（1）**潜在供应商**：新接触的供应商，还未注册。

（2）**注册供应商**：已注册但未经过审核的供应商。

（3）**认证供应商**：通过审核的供应商。

（4）**认证未通过供应商**：审核未通过的供应商。

（5）**免认证供应商**：因具有垄断、国家机构、关联企业等属性，免认证准入的供应商。

（6）**零星购买供应商**：偶尔发生小额交易的供应商，注册后即可发生采购业务。

（7）**合格供应商**：纳入合格供应商名录的供应商，可以参与询价。

（8）**合作供应商**：已经拿到新业务的供应商。

（9）**战略供应商**：创新能力强、关系好、提供关键物资或服务的供应商。

（10）**客户指定供应商**：被客户指定采用的供应商，可能需要免认证。

（11）**要淘汰的供应商**：绩效考核屡次不达标、关系破裂、资质丧失或长期没有业务的供应商。

（12）**黑名单供应商**：行贿、欺诈、打官司或给客户造成重大损失的供应商，永不合作。

## 5.2 新供应商开发流程

标准的新供应商开发流程包含以下 7 个步骤：

（1）**收集信息**；

（2）**远程沟通**；

（3）**注册信息**；

（4）**供应商自评**；

（5）**成本竞争力调查**；

（6）**初次拜访**；

（7）**正式审核**。

对于贸易类和代理类供应商，采购只需要收集信息、远程沟通、注册信息、供应商自评和成本竞争力调查即可，非必要不需要现场考察供应商。

对于生产类供应商，采购通常需要按照以上 7 步完成供应商的开发，接下来详细讲解每个步骤。

### 1. 收集信息

采购收集供应商信息的 10 大常用渠道如图 5-1 所示。

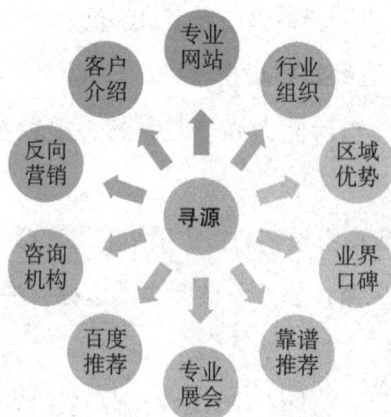

图 5-1　寻源的 10 大渠道

（1）**专业网站**：如 1688、米思米等。

（2）**行业组织**：如中国采购协会、间采荟、西子供应链管理俱乐部等。

（3）**区域优势**：如华南（电子）、华中（塑料）、东北（重工）等。

（4）**业界口碑**：谁是行业内的领导者。

（5）**靠谱推荐**：如品行兼优的资深采购推荐。

（6）**专业展会**：如 Nepcon Japan、Electronica China 等。

（7）**百度推荐**：搜索相关品类找到的供应商主页。

（8）**咨询机构**：向咨询机构购买寻源服务。有的咨询机构能够提供竞争对手的供应商清单及采购价格。

（9）**反向营销**：自建需求信息发布平台，如中石油。

（10）**客户介绍**：关系好的客户会告诉你竞争对手从哪里采购。

此外，还有去商场购买、在采购微信群打听等寻源渠道。

## 2. 远程沟通

采购获得新供应商的联系方式时，需要通过电话等方式进行远程沟通。在这个过程中，请牢记以下 6 点：

（1）在沟通之前，务必与供应商签署保密协议；

（2）郑重承诺双方的谈话不会被泄露给第三方；

（3）采购要做反向营销，主动介绍自己公司的优势；

（4）对于供应商提出的问题，采购要积极回应；

（5）只跟匹配的人沟通，采购员对销售员，采购经理对销售经理；

（6）主动介绍自己公司的供应商开发流程。

采购可以通过下列 9 种方法远程评估供应商的能力。

（1）**索要供应商的公司介绍和工艺介绍**。虽然很多供应商会在公司介绍中夸大自己的规模、业绩和品质管理水平，但是**采购可以通过公司介绍来了解这家公司可能存在的问题**。例如，有的公司介绍含糊不清，甚至有很多错别字，你就知道这家公司一定有很多管理方面的问题。

工艺介绍可以帮助采购在到达供应商的现场之前，了解供应商的设备、产品和工艺极限，对供应商的工艺能力做一个初步的评估。

（2）**做供应商的背景调查**。通过天眼查或者企查查，采购可以了解供应商的股本、股东、注册时间和注册地址，最重要的是能够查到供应商的诉讼情况。如果你看到某家供应商近期有很多融资方面的诉讼，就要对该供应商的财务情况加倍小心，慎重选用该供应商。

（3）**向该供应商的其他客户私下打听**。向同行打听供应商的交货、品质和服务情况往往可以事半功倍，所得信息往往是非常准确的。

（4）**向供应商索要客户满意度调查报告**。按照 ISO 9001 的要求，供应商每年至少要做一次客户满意度调查。采购可以要求供应商提供该报告，了解其他客户的满意度。

（5）**考察供应商的销售人员的素质**。供应商的销售人员的素质可以反映供应商的水平。采购可以通过与其沟通来判断供应商的管理是否到位、是否诚信。**往往你发现这位销售很没素质，这家供应商就真的存在很多管理问题。**

（6）**考察供应商的资质**。对于有资质要求的物资或服务，采购必须要求供应商提供相关资质文件并检查有效期。

（7）**测试供应商提供的样品**。对于有一定技术复杂性或质量要求的物资，采购应当要求供应商提供样品用来测试。

（8）**看供应商的年审报告**。采购不仅要看 ISO 9001 证书，还要看最近一次的年审报告，了解在年审中查到的问题和对应的解决措施，以此评估供应商的质量管理水平。

（9）**看供应商未来 3 年的发展计划和投资计划**。采购要检查供应商的投资计划与发展计划是否匹配，并了解固定资产采购决策流程。其目的是了解供应商在制订投资计划后到底是如何执行的，以此评估供应商的发展前景。

### 3. 注册信息

注册信息的目的**是在信息系统中建立供应商的信息库，以便管控供应商的信息，跟踪与供应商的业务往来，为后续的供应商绩效管理打好基础。**

在已经引入供应商关系管理（Supplier Relationship Management，SRM）系统的公司里，采购可提交供应商申请，或者要求供应商在 SRM 系统中提交申请，经相关授权人批准后填写供应商信息注册表，完成供应商信息注册。

某公司的供应商信息注册表如表 5-2 所示。

表 5-2　供应商信息注册表

| 序号 | 项目 | 类别 | 填写内容 |
|---|---|---|---|
| 1 | 基本信息 | 公司名称 | |
| | | 营业执照编号 | |
| | | 法人代表、电话 | |
| | | 所属国家名称 | |
| | | 销售人员、电话、邮箱 | |
| | | 公司地址 | |
| | | 注册资金 | |
| | | 邮编 | |
| | | 营业期限 | |
| | | 公司网址（如有） | |
| 2 | 产能信息 | 年均营业额 | |
| | | 职工数量 | |
| | | 主要生产设备名称、型号、数量 | |
| | | 主要生产产品介绍 | |
| | | 主要原料供应商 | |
| | | 主要客户及销售比例 | |

（续表）

| 序号 | 项目 | 类别 | 填写内容 |
|---|---|---|---|
| 3 | 技术及质量信息 | 专业技术人员 | |
| | | 计量人员数量 | |
| | | 检验人员数量 | |
| | | 现有主要计量及检测检验设备 | |
| 4 | 证书资质信息 | 证书类型 | |
| | | 证书名称 | |
| | | 证书号 | |
| | | 证书生效日期 | |
| | | 证书失效日期 | |
| | | 备注 | |
| | | 附件信息 | |
| 5 | 银行信息 | 公司基本开户行所属国家 | |
| | | 公司基本开户行银行编码 | |
| | | 银行名称 | |
| | | 账号 | |
| | | 收款账户名称 | |
| 6 | 附件列表 | 供应商准入申请表 | |
| | | 保密协议 | |
| | | 质量照片 | |
| | | 廉洁协议 | |
| | | 其他 | |
| 7 | 其他 | | |

## 4. 供应商自评

**供应商自评的目的如下：**

- 初步了解供应商的基本信息；

- 初步判断供应商能力与自身需求的匹配度；

- 考察供应商的素质，常见问题有填写不规范、看不懂问题等；

- 与正式审核相结合，考察供应商的诚信度；

- 让供应商了解自己公司的要求；

- 考察供应商的合作意愿和服务态度。

供应商自评表中的考察项目有很多，如表 5-3 所示。

表 5-3　供应商自评表

| 供应商自评表应包含以下项目 | | | | |
| --- | --- | --- | --- | --- |
| 公司名称 | 注册地址 | 注册资金 | 公司性质 | 主营业务 |
| 主要客户 | 历年销售额 | 员工数量 | 组织架构 | 平均年龄 |
| 进销存系统 | 设备清单 | 厂房面积 | 质量体系 | 检测设备 |
| 财务状况 | 投资计划 | 市场战略 | 专利数量 | 行业排名 |

### 5. 成本竞争力调查

开展成本竞争力调查（Benchmark Study）的目的是调查新供应商是否具备成本竞争力及竞争力的来源，其方法与报价分解类似。

例如，笔者曾做过国内散热片生产商和泰国散热片生产商的比价，发运目的地是欧洲。结果，泰国生产商的价格比国内生产商的价格便宜 5%。在做成本比较时，笔者发现，两者的原材料成本是一样的，唯一的不同是泰国的人力成本只有国内的一半，所以单价更低。

基于客观事实，笔者决定开发尽量多的东南亚供应商来满足欧洲客户的需求，以便享受东南亚地区人工成本低的红利。

### 6. 初次拜访

初次拜访是供应商开发流程中的一个可选环节，是在正式审核之前的预审核。采购往往会利用半天或一天的时间，单独到新供应商处走访，以便决定是否启动正式审核。

要想高效地完成初次拜访，采购需要在短时间内通过蛛丝马迹对供应商的能力做出判断。采购可以通过"望闻问切"的方法快速有效地评估供应商的能力。

"望闻问切"是中医的术语，是指中医问诊的 4 种手段。在供应商初次拜访中，采购可以通过**望（调查）、闻（倾听）、问（询问）、切（审查）**把供应商的方方面面了解清楚，**在最短的时间内对供应商的综合能力做出判断，决定是否进行正式审核。**

在调查环节，当采购进入供应商的办公室时，在第一刻感受到的氛围往往体现了该供应商的状态。例如，如果你看到员工年龄普遍偏大，工作节奏较慢，则说明这种公司往往是改制过来的，员工技能不足，薪资对年轻人没有吸引力。你不要期待这种供应商拥有较强的管理能力。

还有一种情况就是这家公司的员工都很年轻，学历普遍不高。这说明这家公司的待遇不高，招不到有经验的人。这种供应商常常需要客户帮助他们解决问题。

较好的情况是，供应商员工的年龄结构和学历分布合理，办公室朝气蓬勃，员工有说有笑，跟采购对口的销售和工程师表达能力强、知识过硬、对公司忠诚。这种供应商一定要重点培养。

在倾听环节，采购在跟供应商的任何人接触的过程中都要少说多听。例如，采购在跟销售接触的过程中，要多听听他对行业和自己公司的评价，探知供应商对你们公司的重视程度及供应商存在的问题；在跟供应商负责人接触的过程中，要多听公司的战略和规划，了解其业务方向和在行业中的地位。

很多时候，来接送采购的司机会说出供应商的很多实情，如薪资水平、人员变动、财务状况、主要矛盾和负责人的真实想法等。有时候，采购遇到爱聊天的保安，也能打探到供应商的一些内部信息。

采购进入供应商的工厂后，要进行第三个环节——询问。采购要学会对不同级别和岗位的员工进行不同的提问。例如，对于工人，采购要关心其技能水平以及是否接受了足够的培训，能否胜任工作。如果工人的回答不好，采购不要过多地质问工人，而要把问题记录下来并询问工程师。对于工程师，采购要多问为什么，考察工程师是否接受过基本的培训（如 5W2H、8D 分析），是否具备足够的分析能力和问题解决能力。采购在向供应商高层反馈问题时，要避免指名道姓指出某位员工的错误，要把问题总结出来，从流程、文件管理和培训的角度提出反馈和建议。

第四个环节——审查最考验采购的经验和水平。这是因为，很多供应商都有一套"标准答案"，事先也做好了准备，导致很多问题不容易被客户发现。

接下来重点介绍审查的 4 个实战要点。

（1）**要到现场了解供应商的产能**。采购首先要查看在制品的数量，如果在制品堆满了车间，所有设备都开着，工人三班倒，就说明该供应商产能饱和。这时，采购要考虑是否把近期的新项目给供应商，因为一旦增量，供应商可能生产不出来。相反，如果供应商的车间在制品很少，工人不倒班，甚至有很多设备停机，就说明供应商非常"饥饿"。此时，采购哪怕给出成本价，供应商也会接单。

（2）**审查供应商的管理文件时要多看几个案例**。供应商一般会拿出预先准备好的一套精美完整的案例供所有客户审查。如果你发现该案例体现的管理水平超出供应商的实际水平，可以向供应商索要最近的案例或者上一年度的某个案例，从而考察供应商真正的项目管理能力和变更管理能力。

（3）**审查文件时要看下列 3 个细节**。

- 所有单据是否有合理的版本号。如果没有，则说明供应商没有管理好文件。
- 查看所有签字栏，看部门经理栏是否签字了。如果没有，则说明供应商的执行力有问题。

- 一段时期内签字的人名、笔迹和笔的颜色是否合理,如果完全一样,就说明有代签或者补签的嫌疑,供应商很可能有诚信问题。

(4)为了在最短时间内考察供应商的最大能力和诚信度,采购可以**故意设置"超难题"**。例如,采购明知供应商的设备极限是钻 0.1mm 的孔,却故意问供应商 0.05mm 的孔能不能钻。如果供应商诚实地回答"不能",或者需要"外协",则说明供应商具备专业性,对自己的定位清晰,只做有把握的产品,采购可以放心与之合作;如果供应商说什么都能做,则说明其不够诚信,或者不了解自己的工艺能力,不够可靠。

### 7. 正式审核

正式审核是根据所购物资或服务的要求,由采购、质量及其他相关人员共同参与,在供应商的经营场所按照公司既定的考察表进行的审核,一般需要 1 到 3 天。

**正式审核的流程如下。**

(1)采购预先下发考察表给供应商。

(2)采购与供应商约定审核时间,确保供应商的相关负责人均在场。

(3)采购与公司内部的参审人员(如质量)确认时间和行程。

(4)采购向供应商下发日程表,具体包括:

- 首次会议时间;

- 审核文件时间;

- 审核现场时间;

- 内部讨论时间;

- 末次会议时间。

**其中,在首次会议中,采购要做到:**

- 对供应商的精心准备表示感谢；

- 强调己方会遵守保密协议；

- 介绍参审人员和分工；

- 介绍行程；

- 介绍供应商需要做哪些准备；

- 介绍审核流程；

- 请供应商做人员介绍和公司介绍。

**在审核文件时，采购要做到：**

- 约谈管理者代表，了解年度质量目标和实现情况；

- 基于每一个质量目标，延伸到如何衡量、如何提升、如何制定下一年的目标；

- 将管理缺失的部分记录下来。

**在审核现场时，采购要做到：**

- 查看生产流转卡是否完整；

- 查看工作指导书是否为最新版本；

- 调查工人是否经过培训；

- 观察操作是否合规。

**在内部讨论时，采购要做到：**

- 协调审核小组交流看法；

- 对总分和不符合项达成一致。

**在末次会议时，采购要做好以下几项工作：**

- 公布审核结果，根据不同分数，结果一般分为合格供应商、合格待

改善供应商、待改善供应商和不合格供应商;

- 如果供应商有不符合项,则整改后由质量复审,达到合格标准方可参与新项目的询价和定点;

- 对于不合格供应商,采购需要酌情考虑是继续接触还是搁置。

评判审核结果时,读者可以参考图 5-2。

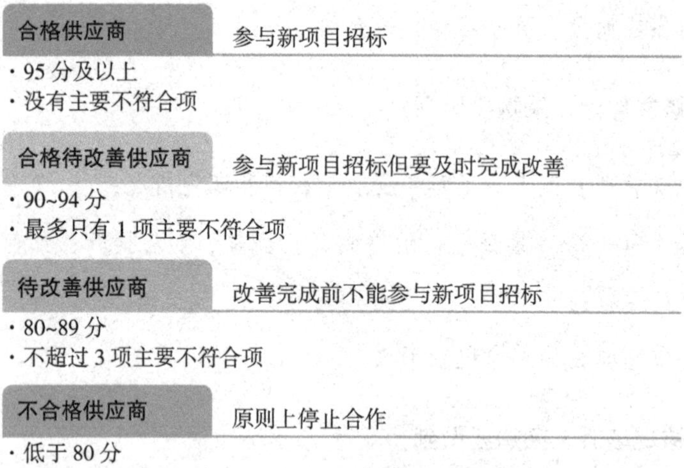

| 合格供应商 | 参与新项目招标 |
| 95 分及以上 |
| 没有主要不符合项 |

| 合格待改善供应商 | 参与新项目招标但要及时完成改善 |
| 90~94 分 |
| 最多只有 1 项主要不符合项 |

| 待改善供应商 | 改善完成前不能参与新项目招标 |
| 80~89 分 |
| 不超过 3 项主要不符合项 |

| 不合格供应商 | 原则上停止合作 |
| 低于 80 分 |

图 5-2　供应商审核结果评判依据

对于正式审核的项目,采购需要掌握以下 7 个方面的知识。

(1)**供应链管理**。

① 进销存管理:了解供应商在接到订单后通过什么方法快速确认按时按量交付,在缺料的情况下多快可以计算出需要订货的数量并下订单给供应商。

② 仓储管理:检查先进先出管理、库位管理、台账管理和盘点记录等,了解供应商针对盘亏的情况如何做分析和处理。

③ 对供应商的管理:检查供应商开发、定点和绩效考核的流程与记录,年审计划和执行情况,合同和订单管理制度等。

（2）**质量管理**。

① 质量体系：ISO 9001、IATF 16949 和 ISO 14001 等，视供应商所在行业和采购所在公司的要求而定。

② 管理者代表和质量目标：是否根据实际情况逐年调整质量目标，做到持续改进；管理者代表是否真的在管理质量。

③ 质量会议：检查开会频次、会议内容，是否有效推动质量改善。

④ 问题改善：检查内部 8D 报告的完成质量。

（3）**项目及变更管理**。

① 如何立项：检查项目人员构成、成本评估、会议纪要和审批人。

② 如何确认可行性：检查产品可行性分析表。

③ 设计问题：检查设计问题记录，确保所有提及的问题被关闭后才开始设计。

④ 图纸管理：确保各使用方及时得到最新图纸，旧图及时回收；检查在产品设计和验证完成时，供应商将产品转交给生产部进行量产的会议记录。

（4）**工艺能力**。

① 检查设备精度、最大和最小件、同行的类似产品等。

② 翻阅现场检查点检记录、首件记录，检查各仪表是否在合格的范围内，询问设备保养计划并检查相关记录，注意笔迹和颜色。

③ 设备如果发生维修，要问明具体情况以及如何保证快速更换备件，确保不会长期停产。

（5）**人员技能**：检查人员技能定义、培训记录和技能矩阵图，确保相关人员培训合格后方可上岗。

（6）**市场和财务**：检查过去 3 年的销售额和盈利状态（需要审查财务"三表"或者第三方评估机构出具的报告）以及未来 3 年的发展计划和投资计划。

（7）**可持续发展**：随着可持续发展和绿色采购日益受到政府和公司的广

泛关注，采购要审核供应商是否有必要的环境评估手续，能否妥善处理废水、废气和废物，是否有足够的安全保障措施，是否节水节电，能否将绿色采购的要求向上游供应商传达，以便规避环保问题所带来的供应风险，符合社会发展的趋势。

## 5.3  如何读懂"三表"评估供应商的财务风险

**"三表"是指资产负债表、利润表和现金流量表，**它们可以衡量一家企业财务的持续性和盈利能力。

采购要透过供应商的"三表"预判该供应商现有业务的持续性和追加新业务的风险。

首先介绍资产负债表。

假如你在北京有一套房，总价值为 300 万元，首付为 100 万元，贷款为 200 万元。

做一张资产负债表的话，你有 300 万元的资产，负债是 200 万元，所有者权益是 100 万元。**资产 = 负债 + 所有者权益。**

某供应商的资产负债表如表 5-4 所示。

表 5-4  某供应商的资产负债表（单位：万元）

| 资产 | 金额 | 负债和股东权益 | 金额 |
|---|---|---|---|
| 货币资产 | 95 | 短期借款 | 300 |
| 交易性金融资产 | 5 | 应付账款 | 535 |
| 应收账款 | 400 | 应付职工薪酬 | 25 |
| 存货 | 450 | 应付利息 | 15 |
| 其他流动资产 | 50 | **流动负债合计** | 875 |
| **流动资产合计** | 1 000 | 长期借款 | 600 |
| 可供出售金融资产 | 10 | 长期应付款 | 425 |
| 固定资产 | 1 900 | **非流动负债合计** | 1 025 |

（续表）

| 资产 | 金额 | 负债和股东权益 | 金额 |
|---|---|---|---|
| 其他非流动资产 | 90 | 负债合计 | 1 900 |
| 非流动资产合计 | 2 000 | 股本 | 500 |
| | | 未分配利润 | 600 |
| | | 股东权益合计 | 1 100 |
| 资产总计 | 3 000 | 负债和股东权益总计 | 3 000 |

看到这张表，作为采购，你需要向供应商提出下列 8 个方面的问题。

- 货币资金只有 95 万元，可以周转多久？是否足够支付薪资、水电费、采购款等维持日常经营的必要开支？

- 应收账款为 400 万元，主要是什么账款？账期有多久？坏账率有多少？（以此判断供应商的应收款质量和客户群质量。）

- 存货有 450 万元，会不会过多？原因是什么？可否优化？

- 固定资产为 1 900 万元，都包括什么？怎么计算？记账时是否有夸大？

- 短期借款 300 万元来自哪里？利率如何？是否有借高利贷的问题？

- 应付账款 535 万元都包括什么？账期如何？是否存在因拖欠供应商货款而被停供的风险？

- 长期借款 600 万元来自哪里？利率如何？借贷的原因是什么？

- 长期应付款 425 万元是什么款？何时需要偿还？是否有现金流断裂的风险？

通过倾听供应商的解答，采购可以了解供应商的资金来源、投资计划，以此评估供应商的经营风险。

**接下来介绍利润表。**假如你跟未来的丈母娘说，你在北京有一套价值 300 万元的房子，这只能说明你的资产情况。虽然丈母娘会开心，但是她会继续询问你的工作收入。这时就要用利润表来体现你现在的盈利能力了。

某供应商的利润表如表 5-5 所示。

表 5-5　某供应商的利润表（单位：元）

| 项目 | 本期金额 |
| --- | --- |
| 一、营业收入 | 93 000 |
| 减：营业成本 | 51 000 |
| 营业税金及附加 | 4 500 |
| 减：销售费用 | 2 000 |
| 管理费用 | 8 500 |
| 财务费用 | 2 000 |
| 加：投资收益 | 1 500 |
| 二、营业利润 | 26 500 |
| 加：营业外收入 | 3 500 |
| 减：营业外支出 | 1 800 |
| 三、利润总额 | 28 200 |
| 减：所得税费用 | 9 400 |
| 四、净利润 | 18 800 |

在拿到供应商的利润表后，采购要立即计算供应商的净利润率。净利润率的计算公式如下：

**净利润率 = 净利润 ÷ 营业收入**

以表 5-5 为例，净利润率为 20.2%（18 800 ÷ 93000），这是相当不错的水平。由于营业收入较少，该供应商的表现符合零售行业或餐饮行业的财务特征。

**有的读者会问，有了资产负债表和利润表，为什么还需要现金流量表？**这是因为造假的人太多了。

现金流量表用来记录公司账上真实的资金流动，包括进来多少、出去多少、还有多少。

某供应商的现金流量表如表 5-6 所示。

表 5-6　某供应商的现金流量表（单位：万元）

| 现金流量表 | 去年 | 本年 |
|---|---|---|
| **经营活动产生的现金流量净额** | 198 | 377 |
| 构建固定资产、无形资产和其他长期资产 | -15 | -12 |
| **投资活动产生的现金流量净额** | -15 | -12 |
| 取得借款收到的现金 | 60 | 0 |
| 偿还债务支付的现金 | 0 | -30 |
| 分配股利、利润或偿付利息支付的现金 | -100 | -250 |
| **筹资活动产生的现金流量净额** | -40 | -280 |
| 现金及现金等价物净增加额 | 143 | 85 |
| 期初现金及现金等价物余额 | 0 | 143 |
| 期末现金及现金等价物余额 | 143 | 228 |
| **净现金流** | 143 | 228 |

通过表 5-6 可以看到，该供应商的经营状况非常好，经营活动产生的现金流很充足，而且本年产生的现金净额几乎是去年的两倍。

从借贷的角度来看，去年借款 60 万元后，该供应商的现金流足够周转，本年度不但没有借款，反而偿还了 30 万元借款。

从股东分红的角度来看，该供应商去年分红 100 万元，本年度分红 250 万元，分红金额是上一年的 2.5 倍，股东得到了非常丰厚的回报。

但是，**大量的分红暴露了公司经营者没有继续扩大投资的意愿。针对这一点，采购可以酌情询问供应商原因。**

在本案例中，鉴于供应商的经营情况较好，每年新增的现金流净额大于分红数额，该供应商的财务状况属于良好的范畴。

以上是采购在审查供应商的"三表"时可以立即考察的点。

笔者希望通过以上深入浅出的介绍，帮助读者读懂"三表"，有效地规避风险。

## 5.4 快速评估供应商能力的金字塔沟通术

小凯在一家外企做采购员，工作很认真，经常受到经理的表扬。

当然，没有一位采购能在一个岗位上干一辈子。前些日子，部门经理突然找小凯谈话，想把他调到供应商开发小组，负责新供应商开发。部门经理强调，这可以帮助他学习更多的采购知识，他的技能也会有很大的提升。经过几天的慎重考虑，小凯下定决心，接受了这个机会。

于是，部门经理亲自培训小凯如何使用供应商调查表来考察供应商。

小凯学得很认真，将调查表里的每一个知识点都铭记于心。

信心满满的小凯来到自己将要考察的第一家新供应商处。小凯打开供应商调查表，开始对供应商进行提问："上一年的客户满意度是多少……"

4 个小时过去了，小凯将供应商调查表里的 200 个问题的回答都填写完毕，表格自动得出了"通过"的结果，小凯如释重负地笑了。

**然而，小凯在考察了三家供应商后，发现了一个很严重的问题。**虽然不同供应商的现场管理水平和人员素质参差不齐，但是所有供应商都有一套事先准备好的"标准答案"应对考察，导致所有供应商的考核分数都接近满分，无法体现供应商之间的真实差距。如果不通过别的办法有效识别供应商的差距，一旦选错供应商，就会给后续工作带来极大的风险。

就在小凯一筹莫展之际，笔者伸出了援手。笔者原创的金字塔沟通术可以帮助采购有效地考察供应商，解决工作上的难题。

金字塔沟通术的主要内容如图 5-3 所示。

在考察新供应商时，金字塔沟通术有以下 3 种用法。

### 1. 自上而下沟通

自上而下沟通的好处是开门见山，能够让供应商明确采购要考察的"主题"是什么，从而把双方的沟通内容锁定在相同的"主题"内，再从"主题"下推到要询问的"关键信息"，之后再通过"实际情况"来验证"关键

**金字塔沟通术**

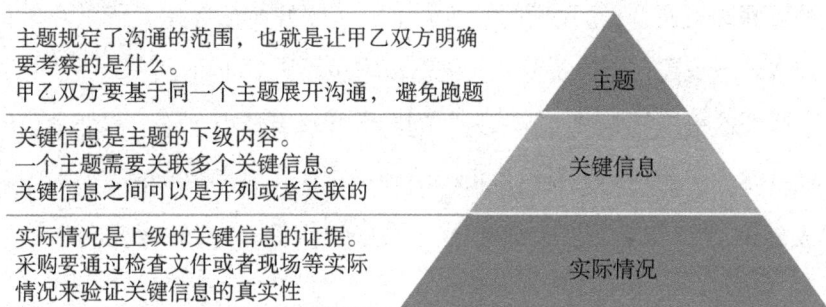

主题规定了沟通的范围，也就是让甲乙双方明确
要考察的是什么。
甲乙双方要基于同一个主题展开沟通，避免跑题

**主题**

关键信息是主题的下级内容。
一个主题需要关联多个关键信息。
关键信息之间可以是并列或者关联的

**关键信息**

实际情况是上级的关键信息的证据。
采购要通过检查文件或者现场等实际
情况来验证关键信息的真实性

**实际情况**

**图 5-3　金字塔沟通术**

信息"，从而得到较为真实的评估结果。

例如，小凯如果想要考察"供应商的竞争力体现在哪里"这个"主题"，就可以直接问供应商。

供应商的回答如下：

- 我们服务的都是外企，客户满意度每年都在提高；
- 我们的制造成本平均每年下降 5%，可以持续降价；
- 我们的销售额保持每年 10% 的增长；

……

在供应商提供了足够多的"关键信息"支持"主题"之后，小凯需要选择其中的一条或几条"关键信息"，通过考察"实际情况"予以验证。

例如，针对"制造成本平均每年下降 5%"，小凯可以继续询问："你们所说的成本都包含什么？原材料成本、制造成本和管理费每年的降幅分别是多少？请拿出前两年的财务报表给我看看。"

小凯看到，原材料成本的降幅是 3%，制造成本的降幅是 10%，管理费的降幅是 2%。其中，原材料和管理费的降幅与行业平均下降水平持平，但是制造成本降幅远高于行业平均下降水平。

于是，小凯又问："为什么制造成本的降幅是 10%？"

供应商回答："因为我们的设备到上一年刚好折旧完毕，所以今年计算制造成本时不需要再考虑折旧费，制造成本也就大幅下降。"

进行到这里，针对"实际情况"的考察并没有结束，小凯需要拿到供应商的设备清单和使用年限及设备折旧的计算方法，去供应商的生产车间——核对设备的型号和真实使用年限。如果账物相符，"实际情况"才算考察完毕。

**采购采用自上而下的沟通方法，使"主题"与"关联信息""关联信息"与"实际情况"环环相扣，三者形成了较为严谨的逻辑闭环，进而让采购获得了可靠的考察结果。**

但有的时候，采购需要婉转地考察"主题"，此时可以采用自下而上的沟通方法。

### 2. 自下而上沟通

自下而上沟通是指在没有明确"主题"的情况下，采购首先询问供应商若干"关键信息"，之后再推断"主题"。

例如，小凯向供应商问了这些问题："你们的消防措施是什么？如何确保不产生大规模不良品？设计变更时，如何保证不出错？"

这些看似关联性不强的问题其实都反映了供应商的风险管控能力，只是小凯不想把"主题"说在前面，以免供应商快速找到"标准答案"。

采购采用自下而上的沟通方法来考察供应商时，难以把某个"主题"的全部"关键信息"及其"实际情况"完全提出，因此推断出的"主题"的结论是不严谨的。但是，**在需要隐藏主题时，也可以采用这种方法。**

### 3. 实际情况沟通

实际情况沟通是指采购直接考察供应商的现场或者文件，从而推断"关键信息"和"主题"。因为只考察供应商的表面信息，所以相对于自上而下和自下而上这两种方法，采购通过"实际情况"推断出的对"关键信息"和"主题"的考察结果是最不准确的。但是，在时间非常有限的情况下，经验丰富的采购也可以使用这种方法。

例如，小凯已经考察过 20 家机加工供应商，对这类供应商的管理能力有了充分的识别能力。来到第 21 家机加工供应商处，由于时间很紧，小凯无法按标准流程完成供应商考察表里的 200 个问题，于是他要求供应商直接安排他到现场参观。

通过观察，小凯发现该供应商的机加工设备非常老旧，供应商在制品的复杂度偏低，现场开机数量不足。据此，小凯判断该供应商在机加工行业的竞争力处于偏低水平，没有推荐公司使用该供应商。

虽然也有可能是供应商正在引进效率更高的机加工设备以淘汰老旧设备，供应商的工程师具备设计和生产高复杂度产品的能力，供应商当天刚好有很多机器在保养导致开机不足等，导致小凯发生误判，但是由于时间太紧，小凯只能根据实际情况做出判断，不推荐该供应商。

听完笔者的讲解，小凯决定采用自上而下的沟通方法来考察供应商。小凯推荐的供应商从价格、品质、交货期到服务的表现都很不错。部门经理惊讶于小凯的快速成长，使用部门也对小凯的成绩大加赞赏。

笔者希望金字塔沟通术能够帮助读者更高效地考察供应商。

## 5.5　供应商日常监控与纠纷处理

供应商日常监控是指采购对供应商的日常监控行为，具体包括如下内容。

（1）接收或收集需求部门对供应商的质量、成本、交付和服务表现的反馈、评价或投诉，可参考表 5-7 中的问题升级机制。

表 5-7　供应商问题升级机制

| | 处理条件 | 处理流程 | 涉及的其他部门 | 实施方法 |
|---|---|---|---|---|
| 黑名单 | 重大问题 | 动态管理（黑名单） | 需求部门<br>法务部门 | 针对问题解决方案和重大风险进行决策 |
| 冻结或退出 | 重要问题 | 动态管理（冻结或退出）<br>改进管理<br>沟通管理 | 需求部门<br>法务部门 | 需要与供应商中高层进行正式沟通，提出问题解决期限，要求限期整改，跟踪和验证整改效果。若无法解决，则考虑终止与该供应商合作或将其纳入黑名单 |
| 改进 | 异常问题 | 改进管理<br>沟通管理 | 需求部门 | 需要根据问题影响程度和紧急性，要求供应商提出解决方案。若无法解决，需要升级问题，酌情冻结，考虑终止与该供应商合作或将其纳入黑名单 |
| 沟通 | 常规问题 | 沟通管理 | 需求部门 | 沟通问题，协同解决。若供应商无法迅速解决问题，则升级至改进 |
| | 加分表现 | | | 通报表扬，在绩效考核时给予加分 |

（2）对供应商的法务与财务风险进行定期监控，可通过企查查、天眼查等 App 查看供应商的风险评级或通过先进的 SRM 系统链接大数据，对供应商的财务状况和法务风险进行实时监控。

（3）对供应商信息变更进行管理。一般而言，供应商公司信息变更包括以下 10 项内容，分别是：

① 公司名称变更；

② 合同主体变更；

③ 法人代表变更；

④ 统一社会信用代码变更；

⑤ 开户行、账号变更；

⑥ 经营范围变更；

⑦ 生产地变更；

⑧ 关键工序变更；

⑨ 设计、原材料变更；

⑩ 关键材料二级供应商变更。

其中：

① 营业执照上的信息变更的，包括公司名称、法人代表和经营范围，供应商须提供工商管理部门出具的公司变更核准通知书、更名后的营业执照、加盖单位公章的变更函；

② 合同主体变更的，须由新合同主体与甲方签订买卖合同，原合同主体与甲方共同声明原合同失效，或者由新合同主体、原合同主体与甲方签订三方协议，由新合同主体继承原合同主体的权利和义务；

③ 统一社会信用代码具有唯一性和稳定性，一个主体只能拥有一个代码。在主体存续期间，不管其信息发生什么变化，该代码均保持不变。因此，如果统一社会信用代码发生变更，须按照新供应商重新进行注册、认证与准入；

④ 供应商开户行或账号变更的，供应商须提供加盖公章的由银行出具的开户证明和加盖单位公章的变更函。这里要注意，银行账户信息一定要与公司名称一致。有未收货、未开票和未付款的，双方协商解决；

⑤ 第 7 到 10 项如果涉及关键生产物料，质量管控严格的行业和公司会对供应商进行现场重新审核并对物料进行重新认证；

⑥ 以上 10 项之外的变更，按业务实际需要提交变更证明资料，如供应商的重要销售对接人员变更时，有的公司会要求供应商出具加盖公章的授权委托书。

供应商纠纷处理是指在与供应商交流和合作的过程中，因为一些误解、分歧、不公平、不公正、不公开、处罚过重、处理不当，甚至违规等问题，供应商认为受到不公正对待，因而产生纠纷，公司须委托专人及时处理，以免问题扩大，影响公司声誉或对供应造成影响。通常分为以下两种情况。

（1）供应商依照纠纷处理流程向公司实名或匿名反馈问题。在这种情况下，很显然不应由当事人——采购人员处理纠纷，而应由合规部门或审计部门对纠纷进行初步判断，再责成采购部门领导提供解决方案或做出业务决策。因此，**公司应事先明确纠纷处理责任人，让供应商通过公司公众号或官网直接找到纠纷处理责任人的联系方式，再按纠纷处理流程办事。**

（2）供应商胡搅蛮缠。例如，在某次招标中，没有中标的供应商可能会不顾合规部门或内审部门的意见和采购部门领导的决策，没完没了地申诉，但始终无法拿出有说服力的证据。**一旦遇到这种供应商，采购部门领导需要酌情终止与这家供应商的合作，甚至将其列入黑名单。**

可见，**供应商纠纷处理重在明确职责分工，判断纠纷原因，以合规性和公平性为原则进行决策。公司应提前建立纠纷处理流程并在实践中不断完善。**如果没有明确的处理流程，公司的运营、被投诉方和供应商的权益都无法得到妥善保护。

## 5.6 供应商绩效管理概述

在供应商开始持续供货之后，采购和公司内部的利益相关方需要对供应商的供货表现进行有效监管，并推动供应商持续改善或推动供应商之间的优胜劣汰，这就需要公司建立科学的供应商绩效管理制度。

要想做好供应商绩效管理，公司必须建立完善的考核指标、组建经验丰富的供应商管理团队并引入适用的 ERP 系统。

**（1）在设置供应商的考核指标时，采购要坚持 5 项基本原则：**

- 公平、公正、客观、公开原则；

- 定量原则，即定性指标定量化；

- 成本性原则，即所有指标都要便于考核，很难获得或付出很高代价才能获得的指标不予设置；

- 全面性原则，即考核指标要兼顾采购关心的成本和其他部门关心的质量、交付、服务、技术及安全、环保等方面；

- 差异化原则，即按品类的特性差异化制定考核指标和权重。

（2）**在搭建供应商的绩效管理团队时，公司要任用懂业务、懂改进方法、善于与供应商沟通的采购来领导团队。**

一名优秀的供应商绩效管理者可以帮助供应商解决成本、质量或供货问题，改善工艺，带来持续的降本增效，这也是采购部的核心岗位。

（3）**在信息系统的帮助下，采购可以及时得到准确的绩效数据，推动供应商改进绩效。如果公司还没有针对供应商绩效管理的信息系统，则要先上线该系统。**

如果以上工作都执行到位，采购就可以有效规避以下 5 个常见的供应商绩效管理问题：

- 流于形式；

- 问题反复发生；

- 指标不合理；

- 结果不准确；

- 供应商不服从管理。

## 5.7　供应商绩效管理流程

为了确保有效实施，采购需要学习供应商绩效管理的通用流程。该通用流程分为以下 5 步。

### 1. 确定归口部门

一般遵循铁三角法则：由采购牵头，质量和其他相关部门人员参与，归口管理供应商的绩效。

### 2. 确定考核指标和频次

常见的供应商绩效考核指标如表 5-8 所示。

表 5-8　常见的供应商绩效考核指标

| 甲方特殊要求 | 成本表现 | 质量表现 | 交付表现 | 供应商的管理表现 |
|---|---|---|---|---|
| 紧急交付 | 询价的竞争力 | 安全事故 | 准时率 | 提升标准（如增加 ISO 14001） |
| 预测变更 | 低于预算多少 | 来料不良 | 准数率 | 信息系统（如 EDI） |
| 延迟或取消订单 | 降价 | 在制不良 | 交期缩短率 | 自备安全库存 |
| 主动向甲方澄清问题 | 降低库存金额 | 成品不良 | 包装破损率 | 缩减最小起订量 |
| 延迟付款 | 降低运费 | 客户不良 | — | 为客户提供培训 |
| 支持新的计划方法（如 EDI 或系统升级） | 降低制造费用 | 市场不良 | — | 参与电子竞价 |
| — | — | 来料拒收 | — | 创新的建议 |
| — | — | 返修 | — | 创造新的价值 |
| — | — | 投诉 | — | 发票正确率 |
| — | — | 首检通过率 | — | — |
| — | — | 质量服务 | — | — |

通常来说，采购每月应从系统中抓取供应商绩效考核结果并下发给供应商，要求供应商对问题进行改善。针对绩效不达标的供应商，应成立专门的小组及时跟进。

### 3. 确定分数的计算方法

（1）给各考核项分配权重。

（2）为每个不符项设定减分分数。

（3）明确总分低于多少算不合格。

## 4. 实施绩效评估

（1）绩效评分表如表 5-9 所示。总分为 100 分，其中质量满分为 35 分，交货满分为 25 分，价格满分为 20 分，服务满分为 20 分。

表 5-9　绩效评分表

| 质量 | 得分 | 交货 | 得分 | 价格 | 得分 | 服务 | 得分 |
|------|------|------|------|------|------|------|------|
| 100% | 35 | 100% | 25 | 提供分项报价 | 2 | 反应速度 | 5 |
| ≥ 99% | 30 | ≥ 95% | 20 | 有竞争力 | 12 | 合作态度 | 5 |
| ≥ 98% | 25 | ≥ 90% | 15 | 完成年降 | 4 | 沟通手段 | 5 |
| ≥ 97% | 15 | ≥ 80% | 10 | 创新降本 | 2 | 共同改进 | 5 |
| ≥ 95% | 5 | ≥ 70% | 5 | 满分 | 20 | 满分 | 20 |
| < 95% | 0 | < 70% | 0 | | | | |

（2）月度得分表如表 5-10 所示。

表 5-10　月度得分表

| 分项 | 总分 | 1月 | 2月 | 3月 | 4月 | 5月 | 6月 | 7月 | 8月 | 9月 | 10月 | 11月 | 12月 |
|------|------|-----|-----|-----|-----|-----|-----|-----|-----|-----|------|------|------|
| 质量 | 35 | 23 | 24 | 24 | 28 | 30 | 33 | | | | | | |
| 交货 | 25 | 24 | 24 | 23 | 22 | 24 | 24 | | | | | | |
| 价格 | 20 | 14 | 14 | 14 | 15 | 15 | 15 | | | | | | |
| 服务 | 20 | 12 | 12 | 12 | 12 | 12 | 12 | | | | | | |
| 总分 | 100 | 73 | 74 | 73 | 77 | 81 | 84 | | | | | | |

## 5. 按结果分级管理

结果分级表如表 5-11 所示。

表 5-11　结果分级表

| | 等级 | 评判 | 处理方式 |
|------|------|------|----------|
| > 85 | A | 优 | 每年审核一次 |

（续表）

|  | 等级 | 评判 | 处理方式 |
|---|---|---|---|
| 70~85 | B | 良 | 每半年审核一次 |
| 60~70 | C | 合格 | 每 3 个月审核一次 |
| < 60 | D | 不合格或再审核 | 每月审核一次 |

跟踪处理措施如表 5-12 所示。

表 5-12　跟踪处理措施

| 奖 | 惩 |
|---|---|
| 缩短账期 | 延期付款 |
| 来料免检 | 罚款 |
| 加大供货比例 | 限期整改 |
| 年度供应商奖 | 停止订货 |
| 优先获得新业务 | 停止新业务报价资格 |
| 长期战略合作 | 取消供货资格 |

前文提到，针对绩效考核分数优异的供应商，采购应在年度供应商大会上向其颁发奖项，以资鼓励。

那么，采购应该如何准备供应商大会呢？请阅读下文。

## 5.8　采购如何准备供应商大会

如何安排供应商大会？

从时长来说，供应商大会一般不超过两天。第一天晚上可以安排欢迎晚宴。第二天安排全天会议，傍晚供应商即可离开。

会议内容要有所选择，不可能通过一天的会议解决所有的日常问题。会议内容应该**聚焦于凝聚、团结、号召、社交及重大事项**。

从组织层面来说，**通常由采购部牵头组织供应商大会**。采购首先需要识别公司内部的利益相关方都有谁，谁需要出席供应商大会。显然，**中**

国区总经理、全球采购副总（如果公司采用矩阵式组织结构）都需要邀请。组织者要询问他们对供应商大会的期望、演讲的主题，并安排好出场次序。

组织者需要了解两位领导的演讲内容，确保没有重复内容。一般来讲，中国区总经理从区域发展的角度介绍业务、客户、人员增长等正面信息；全球采购副总从新的采购流程、项目、战略和对供应商的要求等方面做介绍。

之后，组织者要询问部门级别领导的意见，包括物流部、质量部、研发部、生产部的领导，问他们是否愿意出席，是否有想要讲的主题。有些部门经理可能不愿出席或讲话，如生产部和研发部经理，因为他们在日常工作中与供应商的交集较少。这时，组织者不要勉强他们。

至于会议的主持，组织者要根据预算和能力来决定是由自己人来主持，还是外聘主持人。

任何供应商大会都会有一个重头戏——供应商评奖。一般可以设置如下几个奖项：综合绩效奖、最佳供货奖、最佳品质奖、最佳配合奖、最佳创新奖、最佳成本降低贡献奖等。每个奖项只颁发给一家供应商还是取前三名要根据公司高层的意愿来定。

这里要注意，在颁奖前要对获奖供应商的信息高度保密，否则现场颁奖时的那种紧张感和获奖供应商的惊喜感很难被营造出来。

在基本框架、出席人员和奖项设置确定后，组织者要在采购部门内部成立供应商大会筹备小组，一起安排如下事宜：

- 会场的布置，最好跟礼仪公司合作；
- 如果公司的场地不够，则要预订酒店的会议室；
- 设置司仪和签到台；
- 统计来宾人数，安排领导和来宾的座次；

- 明确小组里每个人的职责;

- 同一品类的供应商要跟负责该品类的采购坐在一桌(不用担心泄密);

- 制作请帖和日程表,提前发给所有来宾;

- 确定拍照和摄像人员。

举办供应商大会的所有费用最好由公司承担。不过,如果预算有限,组织者也可以向供应商的来宾收取门票费。公司如无票务资质,则需要票务公司作为中介为供应商提供会议、住宿或餐饮发票。

**每一场供应商大会都要有一个鲜明的主题**。例如,经济大环境不太好时,很多公司需要传达坚持协作和持续降本的理念,举办供应商大会时就可以选择这个方面的主题,如"披荆斩棘、共渡难关"。

在茶歇和宴会时,作为东道主,组织者应该尽可能多地跟供应商打招呼。如果公司领导不熟悉供应商,组织者要做好衔接。**尤其要重视战略供应商,组织者应引导双方领导见面。**

会议结束后,组织者可以利用剩余的预算或者自掏腰包,**答谢所有参与大会筹备工作的成员**,感谢他们的辛苦付出,为下一场供应商大会的成功筹办打好群众基础。

### 延伸阅读 采购跟供应商的总经理谈什么

在拜访供应商时,采购常常需要跟供应商的总经理沟通。这时,采购容易犯两类错误。

一是采购在供应商的总经理面前把供应商批评得体无完肤,如价格高得离谱、质量一塌糊涂、人员素质太差等。

结果,供应商的总经理只能硬着头皮附和,问题却得不到解决。当供应商的那批"没有能力、没有责任心"的人被赶走之后,新招的人可能还不如之前的人。采购发泄愤怒换来的却是更加恶化的结果。

二是采购在供应商的总经理面前对供应商称赞有加，如供货业绩非常突出、质量问题解决得很彻底、价格很有竞争力等。

结果，供应商的总经理只需逢场作戏、表达谢意，采购的业绩却没有任何实质性的提升。供应商的总经理会认为你是一个好对付的采购，是一个容易满足的客户。采购的善意未必会得到应有的重视和回报，反而容易被对方轻视。

其实，供应商的总经理的格局、视野和能力一般要远高于采购。即使你是大公司的采购，人家是小公司的总经理，也是这样的。你看到的问题，人家岂会不知道？

那么，为什么公司被他管理得这么烂，他选用的人这么不称职呢？这是很多总经理的无奈。如果没有足够的利润支撑，就无法提供有竞争力的薪资，很多公司除了总经理就是兵，所谓的干部都是虚的，一切工作都要靠总经理来抓。但是，总经理的精力和资源有限，只能一点一点地抓改善。因此，虽然采购的投诉都是对的，但是总经理知道这些问题一时半会解决不了，只能厚着脸皮随声附和。而采购犯错的根源就在于没有根据谈话对象拿捏好讲话的分寸，使得供应商的总经理无所适从。

那么问题来了，采购到底应该跟供应商的总经理谈什么、怎么谈呢？笔者认为采购应该围绕以下 3 点深入沟通。

（1）谈商务信息，包括乙方最近几年的销售额，甲方采购额占乙方销售额的比例，甲方某品类一年的总采购额，从而引出供应商总经理最常提的问题："我们怎么能快速拿到贵司更多的业务？"

（2）谈战略信息，包括目前该品类有多少家供应商在供应，公司的战略是本土化还是增加供应商数量抑或是缩减供应商数量，从而引出采购的经典回答，如："我司今年的采购战略是本土化，年采购额为 2 000 万元，但是之前贵司的报价比欧洲供应商贵 20%，我司无法接受，贵司需要做好寻源和降本。"

（3）谈改善方案，讨论有哪些可以改进的点。例如，要求供应商的采购部对物料再做一次寻源，由供应商的工程师寻找更便宜的替代料等。待改善方案谈妥后，采购坐等供应商定期汇报改善进度即可。

最后，采购在供应商的总经理面前要做到**不承诺、不拒绝和不赞扬**，即不承诺一定会有新的业务给供应商，不拒绝供应商为了得到更多业务所做的努力，不赞扬供应商取得的成绩。

## 5.9　采购如何妥善处理供应商切换问题

人的一生会经历各种告别，相处得再好的供应商也有跟采购说再见的一天。告别主要包括以下 10 种情况：

（1）采购部的决策者换了，新的决策者有自己信任的供应商；

（2）供应商的服务意愿变了，如以后只服务优质的大客户；

（3）供应商的竞争力下降了，被更有优势的供应商取代；

（4）供应商的绩效持续不达标，被绩效考核制度所淘汰；

（5）供应商不诚信或给客户造成重大损失或严重违反法律法规，将被列入黑名单；

（6）供应商的资质被取消，不再符合准入要求；

（7）供应商与客户长期没有业务合作；

（8）供应商被甲方的竞争对手收购；

（9）供应商转型去做别的产业；

（10）供应商破产。

无论是哪种情况，采购都应感谢一路走来供应商给予的所有支持。虽然大家的身份在变，但是彼此的信任是永恒的，而且将来还要不时关心和问候。

为了继续做朋友，在切换供应商之前，采购需要做好以下准备。

（1）业务要提前转移到新供应商处，并逐步降低在老供应商处的采购量，直到完成转移。

（2）为在供应商处的资产制定稳妥的转移方案。诸如模具转移等事宜（由谁装车、由谁发运）都要在事先规划好，防止资产受损。

（3）认真研究双方签署的合同。针对供应商的呆滞物料要提前制定解决方案，甲方因提前终止业务而要承担的责任必须提前识别清楚。

在一切准备妥当后，采购可以开诚布公地通知供应商："我们不再是我们，我们依然是我们。"

第 6 章

# 品类管理

品类管理是采购部划分人员分工和分配工作的有效依据。

通过不断优化品类管理，制定恰当的品类战略，采购部可以帮助公司额外获得 3%~5% 的成本节约。

本章将介绍品类管理的概念、品类分类的方法、卡拉杰克矩阵、波特五力模型的概念及实施品类管理的 5 个步骤，并重点介绍可以帮助采购持续优化品类战略的金字塔模型。

自本章起，我们进入战略采购知识的学习阶段。

# 6.1　品类管理概述

**品类是一组能够满足业务目标，有着相似市场供应和使用特性的物料或者服务**，如原材料、外协加工件、电气元件、办公用品等。

**品类管理是一种战略方法和实践，通过关注某个特定领域来优化、管理品类的支出。**

相对于普通的商务采购，品类管理更全面、更有战略性。从公司的收益角度来看，实施品类管理可以：

- 提高采购组织能力，实现从运营到战略的跨越；

- 进一步提升降本业绩，提升幅度可达 3%~5%；

- 提高服务水平、质量、可利用性和现金价值；

- 降低供应链风险；

- 合理有效地利用资源；

- 发展供应商能力；

- 交付世界级的采购方案。

对于尚未实施品类管理的采购组织，想要获得以上收益，既要持续提升自身的品类管理专业性，又要推动公司中的相关部门积极合作并获得高层的支持和认可，在推行品类管理的过程中将采购组织的地位逐步提升到战略高度。

## 6.2 品类分类方法

采购对品类分类时应该遵循 5 个基本原则。

（1）**科学性原则**：基于国家、行业和公司现行相关标准，全面收集采购、产品数据，组织各方面人员反复、多层次讨论。

（2）**管理实用性原则**：品类分类要符合采购集中、统一和一体化的管理要求，同时兼顾统计、信息交换与共享，确保实用、适用和方便。

（3）**全面性原则**：任何物资或服务都能找到其对应的分类。

（4）**唯一性原则**：物资或服务项目只能归属于一个采购细项分类。

（5）**主次性原则**：同一类别下的子类，使用频率、价值较高的物资或服务项目排在较前的位置。

严格来说，**我们采购的所有品类只有两类，就是物资和服务**。但是在实践中，很多公司及采购组织会将采购品类分为**物资、工程、设备和服务**四个大类，再根据这四个大类继续细分。

其中，**物资是指具有物理结构的实物**，包括生产用物资、销售用物资和消费用物资。例如，原材料、零部件、组装件等属于生产用物资，贸易型企业买入再卖出的产品属于销售用物资，劳保用品、文具、备品备件、工器具等运维物资属于消费用物资。**生产用物资和销售用物资又可细分为直接物**

资，消费用物资又可细分为间接物资或者运维物资。

**工程是指与土建相关的配套服务、建安工程和安装工程。**工程本质上属于服务类，但由于工程具有特殊的项目管理、资质要求及大额采购的属性，对品类经理的专业要求很高，从服务类中单列出来很有必要。例如，厂房设计、园林设计、监理、环评、安评、职评、测绘、地勘、审图、造价咨询等属于配套服务，土建与安装工程、加固工程、钢屋面工程、消防工程、变电站建设工程、办公室装修工程等属于建安工程，厂房通风工程、管道安装工程、一次配电、二次配电、高压配电、临时配电、设备吊装、设备拆除、弱电工程等属于安装工程。

**设备是指由部件组装而成，能够实现某种功能且可以长期重复使用的机器，**包括生产类设备和非生产类设备。设备本质上属于物资类，但由于设备具有特殊的功能要求、资质要求及大额采购的属性，对品类经理的专业要求很高，从物资类单列出来很有必要。例如，注塑机、冲压机、冷却塔、除尘设备、尾气处理设备等属于生产类设备，检测设备、测试设备、起重设备、叉车等属于非生产设备。

**服务是指有偿提供人的劳力、技能或知识满足公司某种需要的活动，**包括物流服务、一般服务和专业服务。例如，海运、陆运、货代、快递等属于物流服务，培训、劳务派遣、保险、票务、翻译、签证、传媒等属于一般服务，投资咨询、采购与供应链管理咨询、专业软件实施、专业法务咨询等属于专业服务。

这里要注意，**各公司的品类分类标准并不统一。**例如，有的公司将品类分为直接品类和间接品类。直接品类专指用于产品或服务，最终销售给客户的采购品类。间接品类专指公司在日常运营过程中所需的物资、工程、设备和服务，这些物资、工程、设备和服务不直接参与产品的生产或销售，但是对公司的正常运营和管理有重要的作用。如果是制造业公司，直接品类等同于直接物料；如果是软件或服务类公司，直接品类会包含服务；如果是工程类公司，直接品类会包含分包的工程；如果是设备类公司，直接品类会包含外包的设备。

**同一品类在不同公司可能属于不同的大类**。印刷品在大多数公司属于运维物资，但是在印刷出版公司属于直接物料。有的公司将服务划分为物流服务、工业服务和商业服务，有的公司将服务划分为物流服务、一般服务和专业服务。这样划分没有对错之分，只要能够找到并运用符合需求市场和供给市场特征的策略，品类管理就能创造最大价值。因此，在品类分析工作开始之前，采购组织需要审视已有品类分类的合理性，对于供应商或物资属性存在交叉的部分品类进行调整，避免品类分析工作难以开展。

## 6.3 卡拉杰克矩阵

卡拉杰克矩阵最早出现于彼得·卡拉杰克的文章《采购必须纳入供应管理》，该文章发表于 1983 年 9~10 月号的《哈佛商业评论》。

卡拉杰克从利润影响和供应风险两个维度，建立了采购品类与供应关系的矩阵，如图 6-1 所示。

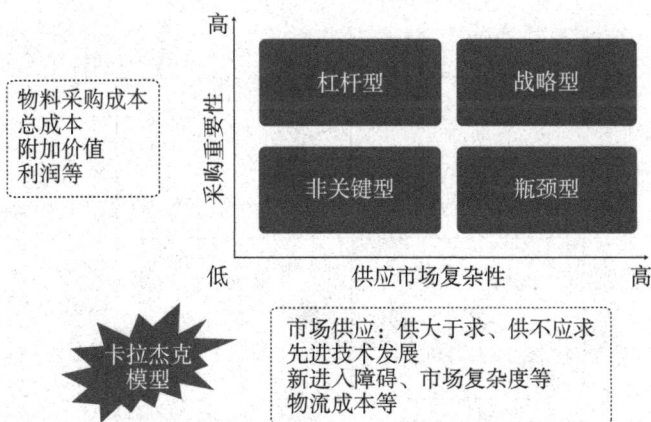

图 6-1　卡拉杰克模型

## 6.4 品类战略制定五步法

运用卡拉杰克矩阵做品类分析主要包含以下 5 个步骤。

### 1. 物料归类

采购可以使用品类树,从直接品类和间接品类开始,逐级对品类进行细分,然后根据公司的采购规模确定品类层级,如图 6-2 所示。

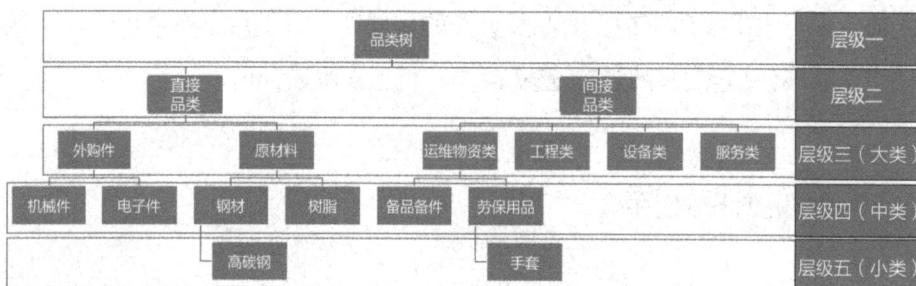

图 6-2 品类树示意图

### 2. 品类排序

采购可以按照支出的多少和品类的重要性对品类排序,如图 6-3 所示。

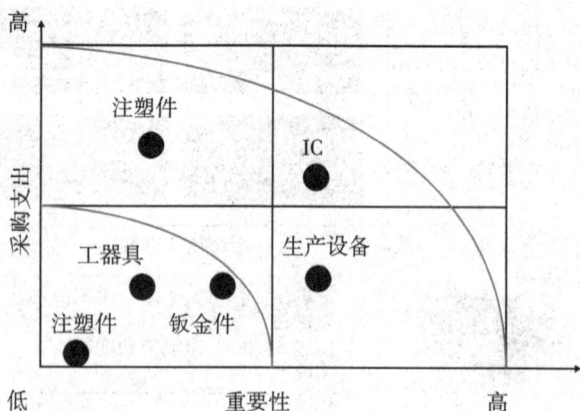

如果出现问题,对质量、生产、安全、客户满意等的影响

图 6-3 品类排序示意图

### 3. 分析市场

采购可以使用波特五力模型。

波特五力模型是迈克尔·波特于 20 世纪 80 年代初提出的。他认为行业中存在着决定竞争规模和程度的 5 种力量，这 5 种力量综合起来影响着产业的吸引力及**现有公司的竞争战略决策**。

这 5 种力量分别是：

- 同行业内现有竞争者的竞争能力；
- 潜在竞争者进入的能力；
- 替代品的替代能力；
- 供应商的讨价还价能力；
- 购买者的讨价还价能力。

波特五力模型如图 6-4 所示。

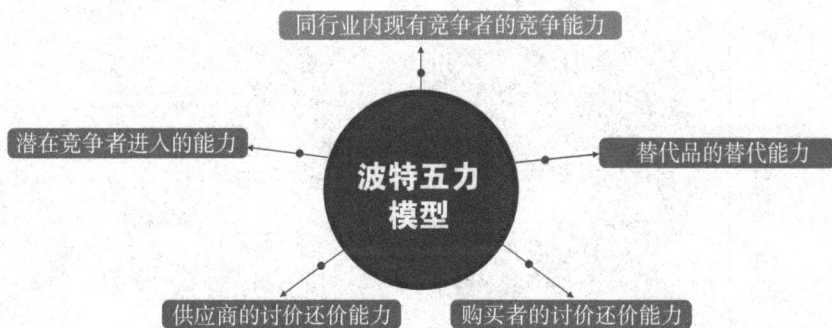

图 6-4　波特五力模型示意图

### 4. 模型应用

在完成了物料归类、品类排序和分析市场之后，采购可以把品类排序的结果对应于卡拉杰克矩阵的纵轴，把分析市场的结果对应于卡拉杰克矩阵的横轴，将所有品类放在 4 个象限中，如图 6-5 所示。

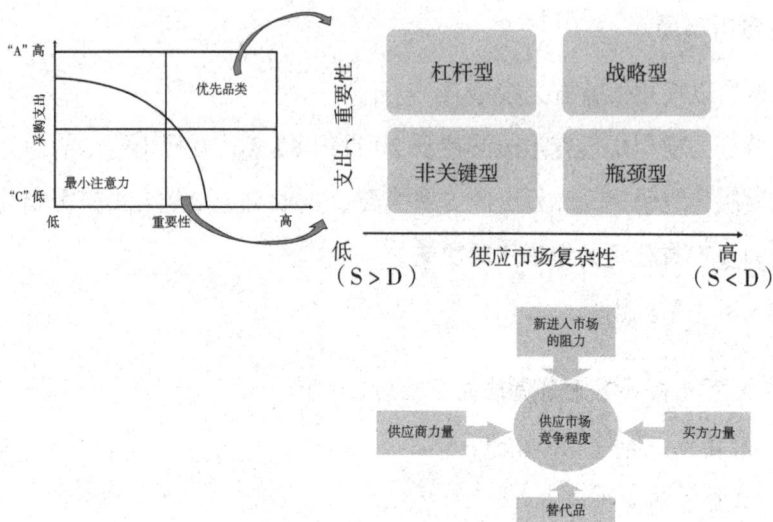

图 6-5　模型应用示意图

## 5.战略制定

针对不同象限的品类，采购可以参考图 6-6 制定采购战略。

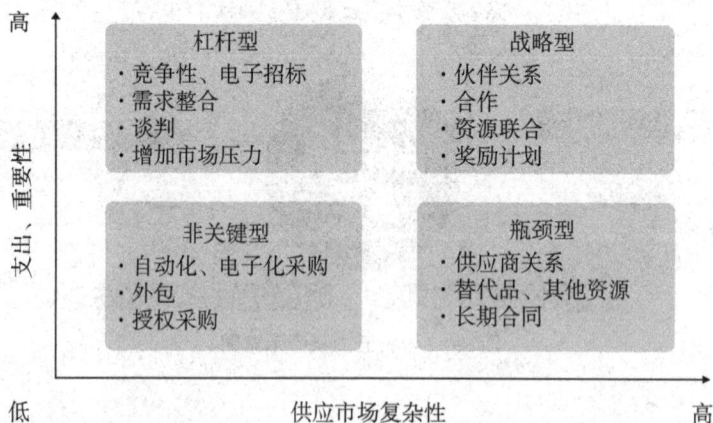

图 6-6　战略制定示意图

为了深入学习品类管理知识，将品类管理与供应商关系管理和供应商绩效管理有机地结合起来，请读者继续学习接下来的内容。

## 6.5 使用金字塔模型实施品类战略

本节将介绍特别实用的品类管理金字塔模型（以下简称"金字塔模型"），帮助你实施品类的采购战略。

该模型可以帮助你**梳理供应商的分类，分析必要的供应商数量，制定合理的供应商采购策略。你可以用它向上级汇报工作、跨部门沟通、指导员工工作、加强供应商配合的积极性等，用途非常广泛。**

金字塔模型如图 6-7 所示。

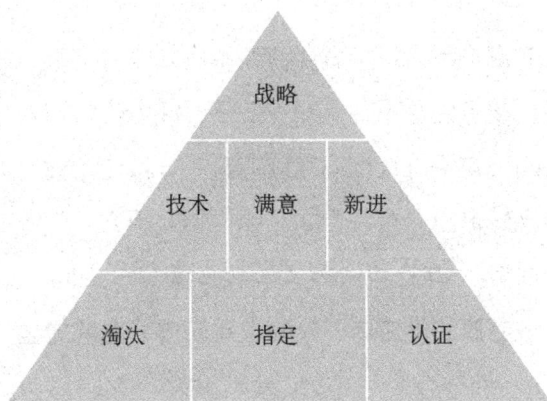

**图 6-7　金字塔模型**

金字塔模型将某一品类的供应商分为 7 类。从图 6-7 中最下端右边起，分别为认证供应商、客户指定供应商和要淘汰的供应商；从金字塔中间层右边起，分别为新进供应商、满意供应商和高技术供应商；金字塔的最上端是战略供应商。

下面详细介绍这 7 类供应商。

首先介绍**认证供应商**。认证供应商是通过标杆比价和质量体系审核的新供应商，刚刚纳入合格供应商名录，还没有任何业务。由于该供应商的配合度、品质、交付等表现还需要在业务中检验，无法进一步给它分类，所以放在金字塔的右下端，这也意味着**金字塔的右下端就是金字塔的入口。**

聪明的读者已经猜到为什么要淘汰的供应商会出现在金字塔的左下端了，因为**金字塔的左下端是供应商的出口**。

接下来介绍**客户指定供应商**。由于技术保密、产品匹配或者特殊关系等原因，采购经常会遇到客户指定供应商的情况。因为渠道和价格都是客户指定的，所以采购很难管理这类供应商，尤其是在遇到纠纷时。例如，遇到了品质问题或者需要供应商配合快速交货，供应商通常不予理睬，而客户往往会推卸责任，采购夹在中间非常难受。因为客户指定的供应商很难与采购建立协作关系，采购往往想要替换它们，所以这类供应商放在金字塔的最底层中间。

**要淘汰的供应商**是因为供货表现持续不佳且改善失败，或者不跟客户协商就单方面涨价，或者经营不善、即将倒闭，或者进行商业贿赂、跨越法律底线等原因，采购决定不再合作的供应商。一旦供应商被定为要淘汰的供应商，采购就要考虑好退出策略。例如，如何转移甲方在供应商处的设备、模具、图纸等资产，是否有其他法律风险和责任等。采购一定要尽早咨询律师。可见，**金字塔底层的供应商一般都没有获得公司的完全认可，所占采购份额应该很少**。

下面介绍金字塔第二层的供应商，分别是新进供应商、满意供应商和高技术供应商。

**新进供应商**是位于金字塔底层的认证供应商的升级。在认证供应商开始做业务的一段时间里，如 12 个月内，如果没有发生大的投诉，就会被归入新进供应商，以便后续观察。

再经过一段时间，如 12 个月，如果该供应商的供货一直很稳定，没有发生大的质量问题，价格在同类供应商中具备一定的竞争力，其他部门对该供应商评价较好，该供应商就可以从新进供应商升级为**满意供应商**。

**高技术供应商**是指独家拥有某些产品、研发能力、专利或者设备，而你的公司正好需要这些的供应商，如芯片供应商。这类供应商适合在早期介入产品设计，与研发设计部高度协同，往往是研发设计部的最爱。高技术供应商对采购工作会有一定的配合度，但几乎没有议价空间。高技术供应商提供的产品或服务可以帮助甲方升级自己的产品或服务，在市场中赚取更多的利润。高技术供应商是十分重要的供应商，采购应该与它们保持良好的关系。

最后介绍金字塔塔尖的供应商——战略供应商。**战略供应商**是金字塔第二层供应商的升级。例如，一家高技术供应商愿意以市场最低折扣为采购提供产品或服务，其他部门尤其是研发设计部对该供应商的能力非常满意，公司的高层（如首席采购官甚至 CEO）与该供应商的高层有很好的沟通和交流。此时，作为品类采购经理，你可以把该供应商从高技术供应商升级为战略供应商。成为战略供应商的另一条路径是从满意供应商升级。如果满意供应商可以长期保持有竞争力的价格、稳定的供货和品质表现，与甲方的首席采购官甚至 CEO 有定期的交流，能够获得各个部门的认可，那么你可以考虑把它从满意供应商升级为战略供应商。

对于金字塔的不同层级，品类采购经理需要设定不同的采购额占比目标以匹配层级关系。通常可以将金字塔尖即战略供应商的采购额占比设定为60%，金字塔中间层的占比设定为 30%，金字塔底层的占比设定为 10%，以保持品类的竞争力、稳定性及合理的优胜劣汰。

另外，品类的采购额要占每家供应商销售额的10%~30%，以保证甲方能享受大客户待遇。

关于金字塔模型的实施案例，可扫描右侧二维码查看。

---

**小故事** 如何理解"采购额应占供应商销售额的 10% ~ 30%"

上班伊始，采购员小明收到一封意想不到的邮件。

"贵司的订单一再推迟，导致我司即将停产 3 个月，我司无法接受。如果下个月没有订单，我司将关闭专线，遣散工人，盼回复！"

原来,几年前,小明的公司从欧洲总部引进了一个组装件的本土化项目。当时,这家供应商很愿意配合,专门购置组装线,并培训了 8 名技术工人来保证组装质量。

本来该供应商踌躇满志,憧憬着与小明的公司共同成长。没想到,因为人事变动和战略调整等原因,该供应商后续并没有拿到更多业务。随着人工和材料费的增长,加上产品要求苛刻,现有业务变得越来越不赚钱。

2019 年下半年,市场需求旺盛,小明的公司调高了该组装件的安全库存,供应商加班加点赶工。但到了 2020 年年初,市场行情急转直下,小明的公司只能取消订单,消耗库存,导致供应商在 3 个月内都没有订单。

供应商忍无可忍,终于下达了最后通牒,没有订单就关线!

"你们为什么不去开发其他客户?只做我们一家肯定是有风险的!"小明质问。

"我司的主业是铸造,主要客户群也是需要铸造件的客户。贵司的部件涉及机加、钣金、焊接、喷漆和组装,除了喷漆房可以共用,其余工序、铸造件都用不上。"供应商的销售为难地回答道。

"所以,如果没有订单,我们宁愿不做了,而把主要精力集中在铸造上。"销售两手摊开,表示无能为力。

到底应该怎么办?这是摆在小明眼前的难题。

**增加订单?公司不可能允许。任其关线?后果将更加严重。**

思前想后,小明想到一个办法,那就是寻找一家设备、工艺和产品匹配的供应商,说服他将现有供应商的设备和人员接管过来,在短时间内恢复生产,而且规避供应商在一个品类上只做一家客户的高度依赖风险,彻底解决问题。

经过沟通,有一家供应商愿意接手。在小明的斡旋之下,原供应商也答应配合交接,此事总算有了解决办法。

通过这件事情,笔者得到的启发是,采购在选择供应商时,一定要考虑产品和行业的匹配性，不要不做分析就让供应商投资设备和人员专做你的产品。一旦市场行情发生变化，尤其是在减量经济下，这种供应商受到的打击将是致命的。更重要的是，你的公司也将遭受难以承受的损失。

请牢记 10%~30% 法则，即自己公司的采购额要占供应商销售额的 10% 以上，这才能成为供应商的前 5 大客户，在谈判时占据优势；但不能超过 30% 或者供应商在这一品类上只做你一家的业务，因为一旦公司经营出现问题，就会导致供应商裁员甚至倒闭，给供应链带来极大的风险。而在市场行情变好时，你却没有供应商可用了。

因此，采购要学会使用金字塔模型做好品类战略，规避此类问题。

## 6.6　土建是品类管理的特殊项

在所有品类中，有一个品类最特殊，那就是土建。很多采购管理者对土建类采购有很多困惑，例如：

- 怎么衡量土建供应商报价的合理性？
- 如何与土建供应商早期协同？
- 如何保证土建工作保质保量完成？

土建是合同金额往往很大、发生频次往往很低的品类。采购如果不能管理到位，土建商就可能会偷工减料。做土建类（包括装修类）的采购管理时，要想保质保量完成任务，采购须做到以下 6 点。

### 1. 核实土建供应商的联系人的身份

公司产生新的土建需求时（如建新厂或者扩建），有的**土建商往往比采购更早知道，知道更多信息**。如果你发现主动联系你的**所谓联系人是你们公司某位员工的哥哥或叔叔伪装的，千万不要惊讶**，这个人可能根本就没有正式工作，而是挂靠在某一土建商下面。有些人把土建视为"改变命运"的机会，不择手段、甘冒风险。因此，每一个联系你的销售代表，你都要考察清楚，你必须**要求对方提供项目授权书和劳动合同**。

同时，你要考察土建商做过的项目，以确认其实力，避免出现一家新的土建商只做你公司的项目，做完后公司注销的情况。这样一来，质保便无从谈起，别人会在背后指责采购非常不专业。

### 2. 不能相信最低价

在土建类的招标中，不乏不规范的供应商掺杂其中，这体现为：采购想要多低的价格，就有供应商报多低的价格，在开工后，对方会通过停工逼采购接受涨价。

因此，**采购不能仓促决定土建商和价格**，要把所有的主材、工费研究清楚，在自己能理解的价格范围内选择供应商，抵住低价的诱惑。

切记，要**集体决定土建商**，让土建工程师、公司总经理等人都参与决策，不要试图过多地影响土建商的选择。

### 3. 合同风险要规避

因为土建涉及交货期、质量、设计变更和政府审批，采购在合同里必须把相关责任和处罚条款写清楚，否则合同便无法执行。

项目交货期要写进合同，如果项目逾期，乙方要按照每天千分之几的合同金额赔付甲方。但如果甲方要求延期，乙方须无条件执行。

质量标准往往以招标文件和图纸要求为主，若达不到要求，乙方必须返工。

至于政府审批，甲方通常倾向于一站式服务，即由乙方全权负责施工质保金、消防审批、上水上电上气等。**甲方在授予乙方该项目前，要了解乙方能否顺利通过政府审批，这是土建类采购很重要的考量点之一。**

### 4. 付款条件要设置好

付款条件可以约束乙方履行其职责。

土建合同一般会要求甲方付给乙方一定的预付款,因为乙方需要垫付质保金、材料和设备的预付款,给工人开支等。**如果甲方不支付一定的预付款,那么很多正规的土建商不会跟甲方合作。**如果选择不正规的土建商,那么最终受损的还是甲方。

预付款一般不低于 15%,反映了甲方的信誉和诚意,有实力的土建商一般会接受。之后要根据工程特点设置进度款,可以是地基打完、水泥浇筑完成、外墙铺设后、设备进厂后、消防审批完成、配电完成等,每个节点可以设置 5%~15% 的进度款。主要的付款要放到项目验收之后。

合同中一定要写清楚验收方式和验收时间段,以督促甲乙双方按约执行。一般设置验收款为合同金额的 20%~40%。

很多土建商在报价时会在总价的基础上额外增加质保金,也就是说**羊毛出在羊身上**。甲方要求越多的质保金,工程总价就会越高。土建的质保期一般是 3 年,质保金一般占合同总金额的 5%~10%。

### 5. 派人从头跟到尾

笔者曾经手一个厂房建设项目,竣工时一切完美。但是 2 年之后,厂内的树都死了。原来是树坑深度出了问题,本来应该是 1.2 米深,但供应商只挖了 0.6 米。时间长了,树根得不到充足的养分就死掉了。

**土建就是这样,一旦埋上,你就难以发现问题,直到出了事故。**从土建商开工的第一天起,就要有专人盯着,确保每个细节符合要求,一旦发现问题就要求供应商返工。

请注意,这里说的派人盯着跟监理是两回事。监理有固定的职责,既是第三方代表,又是甲方的供应商,甲方也要派人盯着监理是否在认真地履行职责。

### 6. 提前洽谈一个增项额度

土建之所以难以管理，是因为**在施工过程中变更极多**。这就如同自己家里装修，一会儿想铺地板，一会儿想镶瓷砖。采购如果不对变更带来的费用进行管理，就会背上超预算这口黑锅。

**为了避免这种情况，采购在选定供应商前，可以强制要求供应商同意"免费增项额度"**。例如，增项的总金额如果在合同金额的 5% 以内，甲方不需要额外付费，由乙方承担，这样就可以有效缓解增项给采购带来的压力。跟土建相关的问题还有很多，在此就不一一列举了。再次提醒读者，在做土建类的采购工作时，要**格外小心、放弃幻想、全力以赴、规避风险**！

下面讲一个采购受到诱惑、跨越底线的故事，以此警示从业者。

## 小故事  权力的游戏

缕缕微风吹过人的脸庞，像是恋人的轻抚。柔和的阳光照在人的身上，柔软而又温暖。

"又是一个好天气！希望周末也如此。"王猛在办公桌前打着字，心里想着周末带家人去哪出游。

这是王猛加入 ABC 公司的第 10 个年头，作为负责建筑维护的工程师，王猛并不被人关注。

"王猛，李总找你。"总经理秘书打来电话。

"是不是哪里又漏水了？"王猛努力地思考各种可能。

"一期厂房是我上任之前建的，现在发生了地面塌陷和墙板脱落。"李总是一个很严格的人，做事一丝不苟。"究其原因是采购不够专业，不懂土建。王猛，你是资深的土建工程师。我决定把你调到采购部，负责二期土建的招标工作，向采购部经理张凯汇报。"

"感谢李总！我一定全力以赴！"王猛深知这意味着什么。

"李总，您找我？"从门外伸进一张笑脸，是身着西装、风度翩翩的张凯。

张凯，为了确保二期建设，我想把王猛调到采购部，负责招标事宜，你觉得呢？"李总用商量的语气询问张凯。

张凯的笑脸瞬间凝固了，之前像是迎风招展的桃花，现在像是一副微笑的面具，显得僵硬而又神秘。

"好的，李总。照您的意思办。"

下班后，王猛盘算二期土建这盘棋应该怎么下。"总经理对二期土建的质量要求很高，我得找好的土建商。又会干活、又会'办事'的土建商去哪里找呢？"

第二天上午，王猛的座机突然响了。"王猛，有个来访者找你！"保安在电话里说。

"您好！我是 L 公司的销售副总张斌，贵司隔壁的厂房是我们建的。听说贵司要建二期，请问是否有机会投标？"进来的是一位 50 岁上下的男人，衬衫外面套着一件宽松的西服，带着一种刚从工地里出来的气息。"我是王猛，全权负责二期土建招标。"说这句话时，王猛故意强调了"全权"二字。

"今晚是否有时间？有些话可以慢慢说。"张斌眨着眼睛，暗示着王猛。"晚上见！"王猛痛快地答应了。

"王经理！老哥我先干了这杯酒！"深谙酒场之道的张斌一饮而尽。

"张总，你太客气了。你们干的活我看过，很认可，要不也不能跟你吃饭。"

"王老弟，你说对了，我们是老牌土建商，质量你绝对放心！来，老哥再敬你一杯。"说完，又是一口闷。

"老哥得向你诉苦啊，一期招标我也参加了。当时我们的报价比 K 公司还要低。"张斌满脸痛苦。

"为什么你没有中标？"王猛来了兴致。

"你不知道吧？K 公司的销售总监王晓丽是你们采购经理张凯的大学

同学，据说还是初恋情人呢！"张斌神秘兮兮地看着王猛，"你说我能中标吗？"

王猛义愤填膺，心想："张凯，没想到你一表人才，暗地里竟如此龌龊！"

"老张你放心，我全权负责招标，绝对把控大局！"王猛故意加重语气，生怕张斌听不懂。

"太好了，有老弟这句话，老哥就放心了。不瞒你讲，我临来前跟领导申请好了。"张斌压低声音，伸出五个指头，"这次招标无论最终是什么价格，只要中标，就给老弟五个点。"

"必须中标！"王猛喜出望外，仿佛看到全家住在别墅里的幸福生活。

第二天一早，张凯刚进自己的办公室，就看到王猛拿着一摞文件进来。"张凯早！"

"你也很早啊！"张凯打量着王猛，总觉得哪里不对劲。

"张凯，关于二期土建招标，我想邀请K公司和L公司竞标，这是供应商介绍和招标方案。"

"我不同意邀请L公司，他们不遵守商业道德。"张凯皱着眉头说。王猛没想到张凯竟然如此公开地打压L公司。"贼喊捉贼！"王猛暗暗发怒。

"为什么说他们不讲商业道德？你有证据吗？"工程师出身的王猛不懂得如何控制自己的情绪。

"我不需要向你提供证据吧！"张凯眼睛瞪得大大的。

"到底是谁不讲商业道德，我找李总评评理！"王猛十分激动，完全不顾上下级关系。

"李总！"暴怒的王猛径直走进总经理办公室。"什么事？"李总对突然到访的王猛感到惊讶。

"我要举报，K公司的销售副总是张凯的大学同学，据说还是他的初恋情人。为了避嫌，张凯不应该参与这次招标。"王猛气得嘴直哆嗦。

"我会跟张凯谈谈。不要有顾虑，有事情找我解决。"

第二天，李总亲自批准了王猛的提案，由 K 公司和 L 公司参与招标。三天后，招标结果公布。按照最低价中标原则，L 公司中标。

"王猛，你来一下总经理办公室。"总经理秘书的声音有点颤抖。"好的！"这一次，王猛没有忐忑，心里想着李总会如何夸奖他。"王猛，你太令我失望了！"李总的语气难过而又严肃。

"怎么了？"王猛一头雾水。

"有人举报你向 L 公司索要回扣，有录音为证。公司可以开除你，但考虑到你的前途，我不会这么做。"说完，李总把辞职申请单递给王猛。

"我错了，李总！"王猛几乎想要跪下来恳求李总。

"公司的纪律是零容忍，我无能为力。希望你把这次挫折看作成长的机会，我相信你的未来会更美好。"李总一脸无奈，临了不忘安慰王猛。

王猛一个人静静地离开了公司，就如同当初不被关注时一样。"一定是张凯这个家伙眼红我。"王猛自言自语道。

王猛想起张斌，特别想跟他喝酒，诉说自己的委屈，顺便拿回"属于自己的东西"。

王猛拨打张斌的手机，耳边传来的声音却是"对不起，您拨打的电话已关机……"

采购要以王猛为鉴，必须做到**坚守底线、无欲则刚**。只有这样才能不中圈套，不被诱惑所左右。

第 7 章

**成本降低与规避**

笔者先后在电信、汽车、能源和医疗器械行业从事采购管理工作，之后又以咨询顾问的身份指导多个行业的多家公司降本。我发现，无论在哪个行业，采购的第一项绩效指标永远是降本。

为了顺利完成绩效指标，采购学习成本的知识、掌握降本的方法十分有必要。

尤其是在进入后精益时代的当下，采购想要通过询价、谈判等商务方法做到持续降本相当不易，因此需要学习更深层次的跨部门协作的方法。

本章将按照"降本三核"的概念介绍降低与规避成本的 21 个方法和管理降本项目的 4 个步骤，教会读者如何持续有效地降本。

## 7.1 什么是成本

**成本是生产和销售一定种类与数量产品所耗费的资源用货币计量的经济价值。** 公司生产产品需要消耗生产资料和劳动力，这些消耗在成本中用货币计量，表现为材料费用、折旧费用、工资费用等。

**成本的概念具有多样性和复杂性。** 例如，成本可分为直接成本和间接成本，也可分为固定成本和变动成本。除了这些基本分类，还有一些重要的成本概念，如机会成本、边际成本等。

其中，直接成本是指可以直接追溯到某个产品或其他成本对象上的成本，如制造成本中的直接材料成本和直接人工成本。

间接成本是指无法直接追溯到某个产品或其他成本对象上的成本，是多个产品或成本对象的共同成本，如在生产线上的员工招聘、管理和培训等成本。

**固定成本是指在一定期间和一定产量范围内，总额不受产量变动的影响而保持固定不变的成本，**如行政管理人员的工资、办公费、财产保险费、固定资产折旧费和职工教育培训费等。固定成本的固定性受相关范围（期间范围和产量范围）的限定。原有的相关范围被打破后，会出现新的相关范围，如图 7-1 所示。

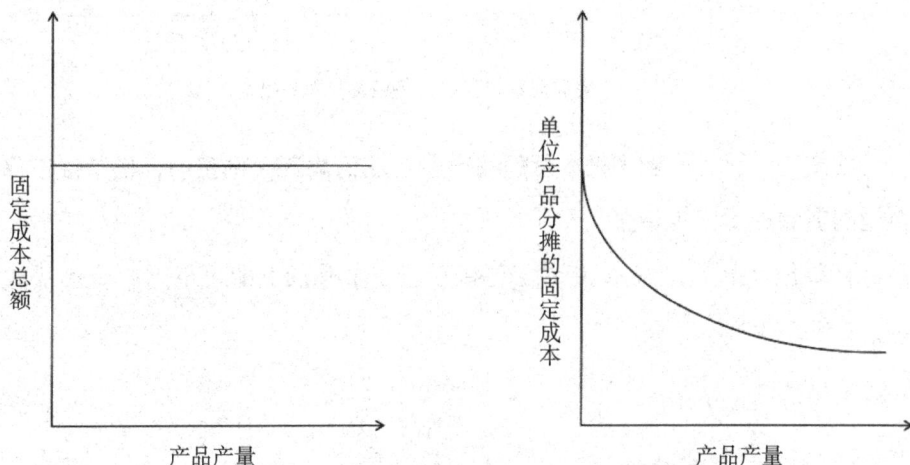

图 7-1 固定成本的固定性受相关范围的限定

如图 7-1 所示，固定成本总额不受产量变动的影响，但单位产品所分摊的固定成本与产量成反比。也就是说，**产量越大，单位产品所分摊的固定成本就越低。**

**变动成本是指在一定时期和一定产量范围内，总额随着产量的变动而成正比变动的成本，**如直接材料费、产品包装费、按时或按件计酬的工人工资和推销佣金等。变动成本的变动性受相关范围（期间范围和产量范围）的限定。原有的相关范围被打破后，会出现新的相关范围，如图 7-2 所示。

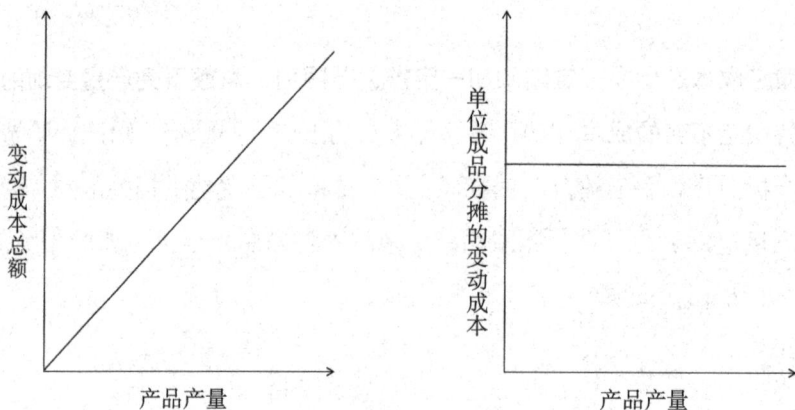

**图 7-2　变动成本的变动性受相关范围的限定**

如图 7-2 所示，**变动成本总额随产量变动而成正比例变动，但单位产品负担的变动成本固定不变。**

将单位产品固定成本和单位产品变动成本叠加，即可得到单位产品成本，如图 7-3 所示。

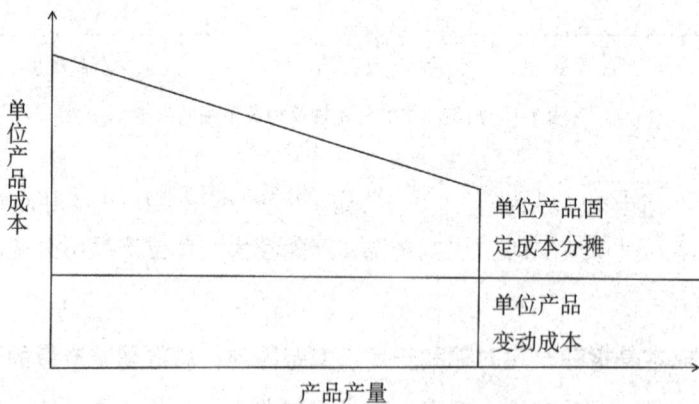

**图 7-3　单位产品成本**

如图 7-3 所示，**单位产品成本随产品产量的增加而降低。**其中，单位产品变动成本在产品产量增加的一定范围内保持不变，而单位产品固定成本分摊随产品产量的增加而降低。

采购常常会对供应商说："给你更多的批量，给我更低的价格。"意思是说，给供应商更多的批量后，供应商的单位产品成本应该更低，所以供应商应该将由此产生的利益分享给采购。

但是，在现实中还有一种情况，那就是采购明明好心想给供应商增量，但供应商却不领情，反而提出涨价，这又是为什么呢？

这是因为采购给供应商留的利润太少，供应商做其他客户的产品可以获得更多的利润，即机会成本更高。

**机会成本（Opportunity Cost）是指公司为从事某项经营活动而放弃另一项经营活动的机会或利用一定资源获得某种收入时所放弃的另一种收入。**在经济衰退时，供应商的产能严重不足，此时供应商愿意参考边际成本（边际成本是指产量每增加或减少 1 个单位所引起的成本变动数额）见利就走；在经济复苏时，供应商会提出涨价，因为会有更好的获利机会。因此，采购要好好学习成本知识，允许供应商保留合理的利润，以此保证公司对供应商有足够的吸引力。

## 7.2 什么是"降本三核"

"降本三核"分别是指商务降本、流程降本和战略降本，三者对降本的贡献程度如图 7-4 所示。

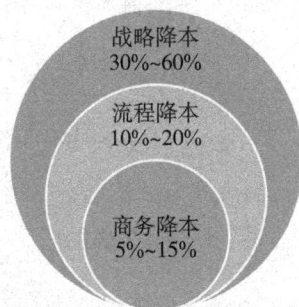

图 7-4 降本三核

**商务降本**是指通过**询价、比价、成本分析、谈判和引入新供应商**等五大手段实现成本降低。商务降本的本质是"拧毛巾里的水",即压缩供应商的利润空间,对持续降本的贡献最小。关于商务降本的知识已经在前面介绍过,此处不再赘述。

**流程降本**是指通过**集中采购与联合采购、商城式采购、VMI 与寄售、自制与外协、采购流程外包**等五大手段实现成本降低。流程降本的本质是利用规模优势和减少管理费,在公司由小到大的发展过程中,它可以带来有限的持续降本。

**战略降本**是指通过**价值工程与价值分析、采购的风险规避、大宗物资的购买策略、供应商的早期介入和瓶颈物料解决三步法**等五大手段实现成本降低。战略降本的本质是从产品本身和品类本身持续削减成本,对持续降本的贡献最大。

总结起来,降本方法如图 7-5 所示。

| 商务降本 | 流程降本 | 战略降本 |
| --- | --- | --- |
| 询价 | 集中采购与联合采购 | 价值工程与价值分析 |
| 比价 | 商城式采购 | 采购的风险规避 |
| 成本分析 | VMI与寄售 | 大宗物资的购买策略 |
| 谈判 | 自制与外协 | 供应商早期介入 |
| 引入新供应商 | 采购流程外包 | 瓶颈物料的解决方法 |

图 7-5 降本方法总结

需要注意的是,**在追求降本的道路上切勿激进**。例如,强行削减供应商的数量；不顾设计部的反对，使用更便宜的替代料；不顾工艺部的反对，采购更便宜的设备等。这些问题之所以发生，是因为采购一味降本，没有做行业对标。

**降本的底线在于对标，前提是安全可靠。**也就是说，采购必须了解行业中先进的降本方法，与之对标，而不应过分追求标新立异，谨防上当受骗。

## 7.3　流程降本的 5 个方法

本节介绍**流程降本**的 5 个方法，分别是**集中采购与联合采购、商城式采购、VMI 与寄售、自制与外协和采购流程外包。**

### 1. 集中采购与联合采购

集中采购是指**同一集团内**的采购管理的集中化，即对同一类物资或服务，从时间、区域、数量、供应商、频次、趋势、机制、战略等维度进行集中化采购和决策，以**持续降低采购成本并控制供应风险。**

联合采购是指由多个公司因相同需求而形成的**非正式采购联盟。**这种模式的主要优势是能有效压缩采购成本，但是**由于缺乏统一组织和管理且各企业的利益诉求有差异，这一模式难以持续降低成本。**

综上，集中采购与联合采购的区别如表 7-1 所示。

表 7-1　集中采购与联合采购的区别

| 区别 | 集中采购 | 联合采购 |
|---|---|---|
| 组织 | 统一管理<br>绩效驱动 | 各自为政<br>利益驱动 |
| 流程 | 统一的流程<br>阳光化采购 | 各自的流程<br>价格的共享 |
| 绩效 | 可持续降本 | 一次性降本 |
| 信息化 | 依赖 ERP 系统 | 可以不依赖 ERP 系统 |

集中采购往往由集团采购管理中心统一管理,而联合采购则由各公司代表组成的采购委员会管理。

在组织架构和人员能力满足专业要求的前提下,**集中采购**可以通过品类管理、同类物料替代和多维度集中的方式不断找到降本机会,**持续降本**。

而受制于组织松散,**联合采购**只适用于复杂度较低的同物料采购量整合或同供应商统谈降本,**降本难以持续**。

相比于联合采购,集中采购有合规管理、供应商管理、数字化转型、物料标准化、品类管理、风险管理等更多的降本来源。

集中采购与联合采购的价值来源对比如图 7-6 所示。

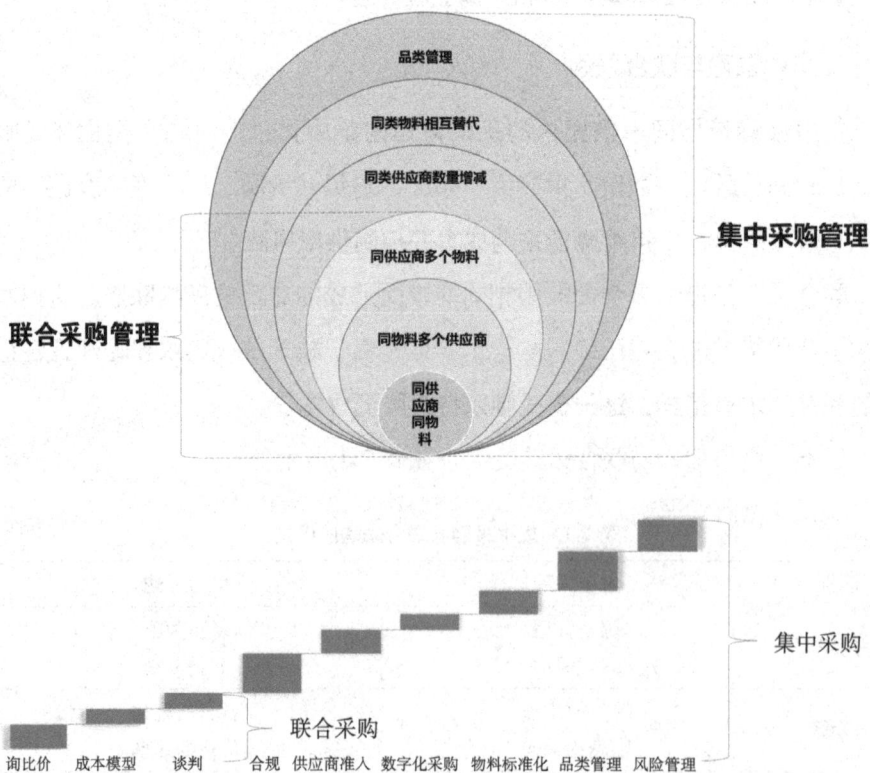

图 7-6  集中采购与联合采购的价值来源对比

因此,在流程降本中,公司应选择以集中采购为主、联合采购为辅的降本模式。

具体来说，集团实施集中采购有以下 3 种方案。

（1）**统谈统签配送式**。总部采购与供应商谈定合同条款，收集各分厂的需求，向供应商下发订单。供应商收到订单后，将货物交付给甲方的中转库，再由集团负责将货物调拨给各分厂，如图 7-7 所示。

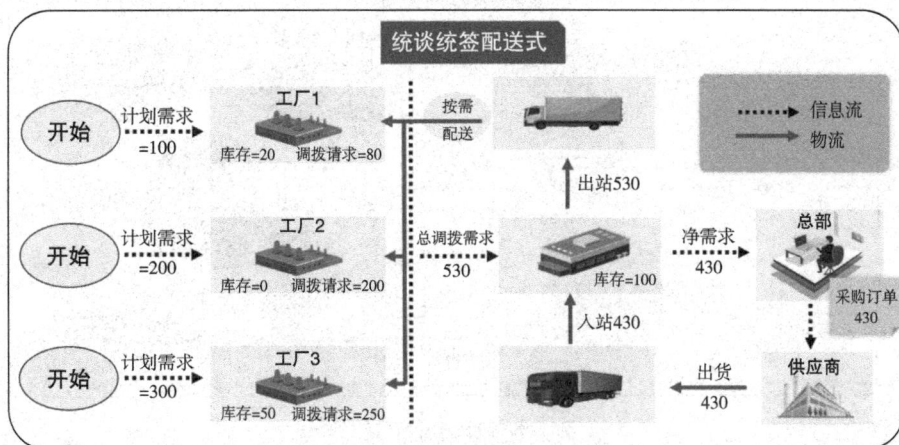

图 7-7　统谈统签配送式

（2）**统谈统签直送式**。它与统谈统签配送式的区别在于，供应商直接给各分厂送货，而不是通过中转仓库，因此更加便捷，如图 7-8 所示。

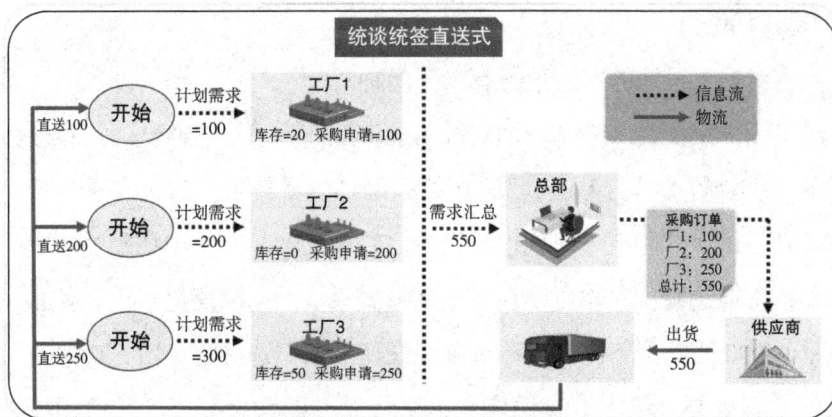

图 7-8　统谈统签直送式

（3）**统谈分签直送式**。这是当下的主流做法，即由总部采购与供应商签署框架协议，规定价格、付款、交货期等条件，再由各分厂给供应商下发订单，供应商收到订单后安排送货。这种做法兼顾了总部的管理需求与分厂的供应需求，如图 7-9 所示。

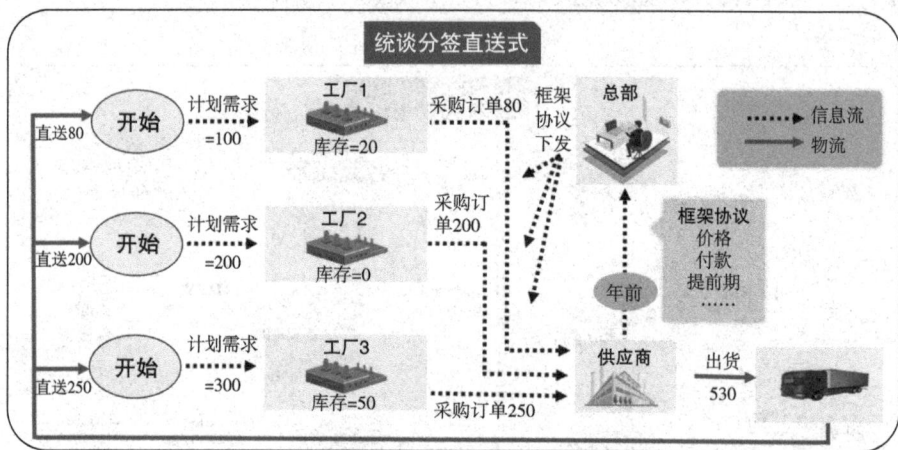

图 7-9　统谈分签直送式

## 2. 商城式采购

随着互联网技术的发展，很多国家出现了针对 MRO 类工业品采购的电子商城。电子商城通过购物网站帮助客户轻松找到自己需要的物品，从而节省了寻源时间。

实施商城式采购的方法主要有以下两种。

（1）由一家提供 MRO 一站式服务的供应商自建电子商城（类似于京东企业购、震坤行），再接入自己公司的采购信息系统中。这样一来，使用部门就可以在供应商的电子商城里挑选自己需要的物品。由于物品的规格、厂家和价格都很透明，采购可以在实施商城式采购的同时简化审批。例如，单笔订单 1 000 元以下不需要采购审批。在使用部门选好物品后，由系统自动生成电子订单并直接下发给供应商，这样就可以大大节省管理费用。这种实施方法在欧美企业比较常见，因为它们对物品的单价没有国内企业那么敏感，也有可信赖的 MRO 一站式服务提供商可供选择。但是，目前国内企业往往通过第二种方法实施商城式采购。

（2）由于对价格敏感，采购需要自建电子商城。采购统计常用的物品，经比价后确定不同物品的价格和供应商。之后，企业在采购管理系统中建立电子商城，由采购或供应商上传物品照片，填写规格信息和价格，将供应商的电子邮箱接入自动订单系统。在使用部门下达物品订单后，由系统自动生成电子订单并将其发至供应商的电子邮箱。在这个过程中，由于 MRO 类供应商的水平参差不齐，有的供应商会忽略订单，忘记交货。因此，在实施商城式采购的前期，采购需要不断检查订单并提醒供应商按时送货。

值得注意的是，商城式采购降本的本质是通过降低非关键物资的管理费来降低总成本，而不是通过购买便宜货来降低品质。

### 3. VMI 与寄售

VMI 是 Vender Managed Inventory 的缩写，即由供应商来管理甲方外购件的库存。供应商需要依据需求预测和库存管理协议自行安排补货。

寄售（Consignment）是指供应商把外购件放到甲方的仓库里，由甲方代为保管，甲方领用后结算货款。例如，设备供应商把备件放在甲方仓库中，在设备出现故障时立即使用，然后按账期进行结算。

**很多采购难以区分 VMI 与寄售，其实两者有着本质上的差别。**

（1）**从物权的角度看**。VMI 的物权较为清晰，即每次供应商的货物送达甲方仓库后，物权转移到甲方，一般不会产生争议。

寄售则容易出现物权问题，因为部件放置在甲方的仓库里，由甲方代为保管，只有甲方领用后才发生物权转移，这会造成账物不符的纠纷。例如，供应商明明送了 10 个部件到甲方仓库，甲方说只领用了 2 个，库存还剩 5 个，供应商怎么办？为了规避这个问题，甲乙双方只能每周或每月进行盘点和对账。

（2）**从账期的角度看**。在 VMI 的情况下，供应商将零部件交付到甲方仓库时开始计算账期；在寄售的情况下，零部件被甲方领用时开始计算账期。

（3）**从库存的角度看**。在 VMI 的情况下，库存由甲方托底，甲方在制定时会更加谨慎；在寄售的情况下，库存完全由供应商承担，甲方容易陷入"你奉献我快乐"的心态。例如，把原本的库存量 200 个调高到 300 个。

（4）**从可行性的角度看**。VMI 的本质是将甲方和乙方的两个库存合并成一个，设置在距离甲方较近的地方，达到深度协同的目的。这对甲乙双方的供应链提效都有利，是双赢的局面，所以 VMI 的应用越来越普遍。

而寄售面临着甲方承担责任过少、权责不清晰、乙方账期没有保障等问题，是你输我赢的局面。目前，寄售多应用于非关键物料，如劳保用品和耗材。

当然，在现实工作中，VMI 与寄售也不是完全独立的。例如，现在越来越普及的智能小仓库，就是 VMI 与寄售的结合体。由服务商按安全库存量补货，采购方领用后再按账期结算。

因此，到底是选择 VMI 还是寄售，采购要做到心里有数，**最适合的才是最好的**。

### 4. 自制与外协

一个新的零部件应该自制还是外协，采购需要在项目早期确定。决定一个零部件能否外协的因素主要有下列 5 个。

（1）**是否为公司的核心零部件**。换句话说，采购要思考如果由供应商来加工这个部件，将来供应商是否有可能成为自己公司的竞争对手，即"吃饱徒弟，饿死师傅"。

（2）**工艺难度**。一般来讲，外协的零部件都应该是杠杆型的。工艺复杂的部件很可能会超出供应商的工艺能力。在这种情况下最好自制，避免供应商做不出合格品，影响交付。

（3）**成本**。采购要思考供应商的价格跟自制成本比是否具有优势，做好成本分析，了解供应商的成本竞争力在哪里。

（4）**产能**。采购要思考供应商是否有足够的产能承接这个部件，自己公司的产能是否充足。如果自己公司的产能充足，在自制成本较低的前提下，还是优先考虑自制。

（5）**供应商的合作意愿**。一家公司一般是在产能饱和时大量外协，在产能富余时回收模具自制。这就需要供应商有很高的配合度，愿意把模具送回客户那里自制，待将来产能饱和时再次外协。

**采购在面对自制还是外协的选择时要慎之又慎，切忌"踩坑"。**例如，有一家公司的工艺部门发现一个新的部件设计很复杂，难以自制出合格品，又不愿得罪研发部，于是要求采购找供应商外协。供应商拿到模具后制作不出合格品，最后只能让采购和质量"背锅"。

### 5. 采购流程外包

下面介绍采购流程外包产生的原因、现在的形势和将来的发展趋势。

采购流程外包最早是指从采购流程到付款流程的外包业务，包括供应商信息维护、物料信息维护、招标、下订单、收货、收发票、付款等流程。

由于国内二三线城市会讲相关外语的人员薪资水平大概只有发达国家的三分之一，对于只需要操作系统的重复性工作，发达国家的公司将其外包给我国雇员，这样可以节约很多人力成本。早在 20 年前，全球很多大公司纷纷在大连、杭州、成都等地自建流程外包中心。还有一些公司直接把这部分业务外包给诸如简柏特、埃森哲、印孚瑟斯等专业从事外包服务的跨国公司，并且取得了满意的结果。

出于缓解业绩压力和简化管理的考虑，越来越多的发达国家的公司开始从简单的流程外包转向将自己公司的非生产性采购业务整体外包。

非生产性采购业务的特点是小而杂，不易管理。由于专业的外包公司往往使用标准的业务流程、先进的采购管理系统、较为齐全的供应商库和专业的竞价方法,有能力开发更匹配的供应商并压低价格,而且不用顾及客户内部的某些个人与供应商之间的利益关系,因此外包公司往往能拿到客户意想不到的价格,深得客户认可。

从长远来看,人力成本或管理成本高昂的大公司将非生产性采购业务整体外包是一个大趋势。其带来的便利是,当采购业绩无法完成时,公司可以不用更换自己雇用的采购人员,而是通过更换外包公司来取得更好的业绩。

采购流程外包的优点如图 7-10 所示。

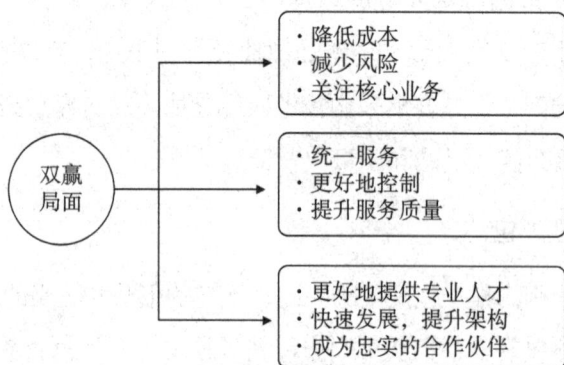

图 7-10　采购流程外包的优点

不过,随着我国人力资源成本逐渐上升,近年来,越来越多的外包公司开始在东南亚,如印度、菲律宾等英语普及且人力成本更具优势的国家设立办公室,以保持自身的竞争优势。我国的采购外包业务的机会在于地域和文化较为接近的日本、韩国和国内市场的潜力。未来随着我国人力资源成本的进一步提升,采购外包业务的机会将是一个值得探究的问题。

# 7.4　战略降本的 5 个方法

**战略降本**的方法主要有**价值工程与价值分析、采购的风险规避、大宗**

原材料的购买策略、供应商早期介入和瓶颈物料解决三步法等，下面逐一介绍。

### 1. 价值工程与价值分析

价值工程（Value Engineering，VE）与价值分析（Value Analysis，VA）是指从客户的价值观分析产品功能和成本，以便提高产品价值。

其中，价值分析是指分析**现有产品**的功能和成本，找到改进点；价值工程是指分析**新研发产品**的功能和成本，找到改进点。它们在产品生命周期的不同阶段发挥作用，如图 7-11 所示。

**图 7-11　VE 与 VA 在产品生命周期的不同阶段发挥作用**

价值的衡量公式为：

**价值（Value）= 功能（Function）÷ 成本（Cost）**

通过这个公式可以推导出提高产品价值的 5 种主要途径，分别是：

（1）**成本不变，功能提升**，适用于同质化严重的产品或服务；

（2）**成本适当提升，功能大幅提升**，适用于市场出现新需求但现有产品或服务无法满足，或推出划时代的产品或服务引领需求；

（3）**成本下降，功能不变**，适用于对成本敏感的大批量生产的产品或服务；

（4）**成本大幅下降，功能适当下降**，适用于对成本敏感且功能过剩的产品或服务；

（5）**成本下降，功能提升**，适用于新产品开发项目。

**那么，采购应该如何主导 VE/VA 降本呢？**

（1）**我们要认识到 VE/VA 是个大工程，必须依靠团队协作来完成。**参与者一般包含采购、设计工程师、质量工程师、有经验的供应商，甚至包含销售、工艺工程师、包装工程师等。

（2）**我们要使用能够落实 VE/VA 的方法，即 ECRS 法则，**如表 7-2 所示。

表 7-2　ECRS 法则

| 法则 | 内容 |
| --- | --- |
| 移除（Eliminate） | 删除不必要的零件或工序 |
| 结合（Combine） | 增加通用零件 |
| 更换（Rearrange） | 把相同功能的零件换为更便宜的 |
| 简化（Simplified） | 让最少的组件满足最低的功能要求 |

图 7-12 是一个车灯降本案例，采购运用 ECRS 法则完成了 VE/VA 降本。

| 移除<br>（Eliminate） | 结合<br>（Combine） | 更换<br>（Rearrange） | 简化<br>（Simplified） |
| --- | --- | --- | --- |
| · 较少 LED 数量<br>· 取消防雾处理 | · 将 2 个外观件设计为 1 个<br>· 将螺丝从 20 种简化为 3 种 | · 变小、变轻、变薄、变短<br>· 国产替代进口<br>· 优化包装<br>· 手动转自动<br>· 更便宜的原料 | · 标准件替代定制件<br>· 放宽公差<br>· 简化工序 |

图 7-12　车灯 VE/VA 降本

### 2. 采购的风险规避

风险是指可能在未来发生，产生或者不产生负面影响的事件。问题和风险的概念差异如表 7-3 所示。

表 7-3　问题和风险的概念差异

| 差异 | 问题 | 风险 |
|------|------|------|
| 概率 | 已经发生（100%） | 可能发生（大于 0%，小于 100%） |
| 影响 | 有负面影响 | 可能有负面影响 |
| 处理 | 解决方案 | 规避方案 |

例如，"这批来料不良"是一个问题，需要供应商紧急挑选或更换。"原材料下个月可能涨价"是一个风险，需要采购提前买进原材料或者做套期保值。

**采购规避风险的意义在于提前规避可能产生的损失，相当于变相地节约成本。**

采购工作中常见的 5 种风险如表 7-4 所示。

表 7-4　采购工作中常见的 5 种风险

| 风险 | 内容 |
|------|------|
| 供应风险 | • 供应商买不到原料<br>• 运力不足 |
| 需求风险 | • 需求激增<br>• 需求骤减 |
| 过程风险 | • 供应商产能不足<br>• 供应商劳动力不足 |
| 控制风险 | • 供应商品质不稳定<br>• 安全库存过大或过小 |
| 环境风险 | • 环保问题<br>• 地震、火灾 |

采购常用的风险规避方法如表 7-5 所示。

表 7-5　采购常用的风险规避方法

| 常见风险 | 规避方法 |
|----------|----------|
| 供应商产能不足 | 定期做产能调查 |
| 原材料涨价 | 合同约束、套期保值 |

（续表）

| 常见风险 | 规避方法 |
|---|---|
| 供应商质量不稳 | 审核、考核、更换 |
| 供应商交货不稳 | 安全库存、渠道现货 |
| 供应商运力不足 | 制定紧急运输方案 |
| 清关风险 | 货代、清关公司 |
| 劳动力不足 | 劳务外包 |
| 环保风险 | 定期检查 |
| 需求激增或骤减 | 定期调整预测和安全库存量 |
| 地震、火灾 | 开发备用工厂 |

在很多制造业公司中，还有一种风险需要采购来规避，即包装破损。如何规避？请阅读下文。

**延伸阅读** 如何规避包装破损的风险

很多采购在与供应商确定产品单价时不考虑包装形式，结果在量产时包装频繁破损，导致采购频频遭到物流投诉。供应商说换包装就要涨价，采购遭受两头堵。

在这里，采购犯的错误在于不懂也没有考虑包装形式，在项目前期的流程中漏掉了这一环节，导致墨菲定律生效——越是坏事越容易发生。正确的做法如下。

1. 提交包装方案

供应商需要提交包装方案，包括包装示意图、材质、厚度、价格、毛重、净重、存放零件数量、一次性还是可循环等信息。采购要分析包装费是怎么计算的，是否合理。

2. 评审包装方案

采购应该邀请质量、物流和生产等一起对包装方案进行评审。质量评估该包装是否可以有效保护零部件，以防发生漆面剐蹭、相互碰撞等问题；物流评估该包装在剧烈颠簸的路面上或者海运过程中是否会破损；生产评估在分包和倒箱过程中可否节省工时，或者用供应商的包装直接上线的可行性。在各方签字同意后，评审结束。

### 3. 量产前的路试

光说不练假把式。为了避免在量产阶段发生问题，采购应该让供应商制作几个包装，里面装满零件，让供应商多跑一遍路，再送达甲方收货地。由利益相关方（采购、质量和物流）一起打开包装，如果没有破损，则一起拍照存档、签字确认。

经过这三步确认的包装，在量产阶段通常不会发生问题，采购也不用担心内部投诉或者供应商要求涨价，可以放心地把精力投入更重要的工作。

---

**延伸阅读** 设计外包的成本规避

设计外包是一种较为复杂的服务品类，主要有三大难点：

- **接受标准不明确；**

- **需求频繁变更；**

- **价格不透明。**

常见的错误采购方法如下。

采购找来三家设计外包商，明确了时间要求和服务需求，便开始招标。最终 A、B、C 三家的全包报价如表 7-6 所示。很显然，采购和研发会选择报价最低的 A。

表 7-6　三家供应商的全包报价（单位：万元）

| 供应商 | 报价 |
|:---:|:---:|
| A | 60 |
| B | 80 |
| C | 100 |

服务之初进展顺利，但此时甲方设计人员要求变更需求，于是 A 提出了增项要求，价格上涨 20 万元，否则中止服务。此时更换供应商已经来不及。

之后，随着需求变更越来越多，该项支出越来越大，引起了公司高层的注意。

"当初怎么选的供应商，增项价格的依据是什么？" 在公司高层的质问下，采购吞吞吐吐，无法提供令人满意的答案。

**设计外包类的采购难题到底应该怎么破解呢？**

设计服务不同于实物产品，它是无形的，供应商的成本主要是人工和管理费，供应商的盈利也来自人工。采购比较总价是没有意义的，采购应该比较不同供应商的工时费。正确的采购流程如下：

（1）考察供应商的服务经验（采购与设计负责）；

（2）考察服务人员的技能（设计负责）；

（3）对比工时费，选择最优服务商（采购与设计负责）；

（4）签署设计外包合同，注明结算方式、保密和知识产权条款（采购负责）；

（5）统计服务工时（设计负责）；

（6）项目结束后，由供应商将设计部签字确认的"工时确认单"提交给采购，并开具相应金额的发票；

（7）采购按照合同条款结账。

这样做有三个好处：

（1）价格透明，一目了然；

（2）设计部可以控制工时；

（3）防止供应商漫天要价。

"工时确认单"的样式如表 7-7 所示，仅供参考。

表 7-7 工时确认单

| 工时确认单 | | | | | |
|---|---|---|---|---|---|
| 乙方申请人 | | 乙方主管工程师 | | 申请日期 | |
| 序号 | 服务日期 | 乙方人数 | 乙方工时 | 服务费用 | 备注 |
| 1 | | | | | |
| 2 | | | | | |
| 3 | | | | | |
| 4 | | | | | |
| # | | | | | |
| 合计 | | | | | |
| 未税固定费率：法定工作日为 200 元 / 小时，法定节假日为 300 元 / 小时 | | | | | |
| 总金额 | | | | | |
| 甲方申请人 | | 甲方主管工程师 | | 甲方成本中心负责人 | 确认日期 |

### 3. 大宗原材料的购买策略

对于大宗原材料，有 6 种购买策略可供采购选择，如图 7-13 所示。

| 购买策略 | | | | | |
|---|---|---|---|---|---|
| 零星购买 | 按需购买 | 超前购买 | 投机购买 | 汇率购买 | 套期保值 |

图 7-13 大宗原材料的 6 种购买策略

（1）**零星购买**。如果不清楚未来一段时间的原材料价格走势，为了规避价格波动风险，采购只能根据实际需要现买现用。这样做的好处是随行就市，看起来不容易出错；坏处是每次购买都要议价，增加了管理成本而且没有规避涨价风险。**如果公司给客户的是年度固定价格，而公司主要原材料价格上涨，则零星购买会给公司带来经营风险。**

（2）**按需购买**。如果预测未来几个月原材料价格会上涨，采购可以一次多买一些，满足未来一段时间的使用需求。

（3）**超前购买**。如果预测未来较长时间原材料的价格会上涨，采购可以一次买更多，如半年的用量。

（4）**投机购买**。如果未来行情涨势明确，采购可以考虑动用公司的资金，一次买入远多于公司需求的原材料，待价格上涨后卖出获利。

（5）**汇率购买**。如果公司有进出口业务，建议进口和出口使用相同的货币，否则人民币与外币互换会带来额外的手续费和汇率损失。尽量做到支出的外币与收入的外币等额，对冲风险。

（6）**套期保值**。套期保值是指交易人在买进（或卖出）实际货物的同时，在期货交易所卖出（或买进）同等数量的期货交易合同进行保值。它是一种为**避免或减少价格发生不利变动所造成的损失**，以期货交易临时替代实物交易的行为。

**套期保值的4项交易原则如下：**

（1）交易方向相反原则；

（2）商品种类相同原则；

（3）商品数量相等原则；

（4）月份相同或相近原则。

例如，2020年3月30日，某不锈钢加工厂计划2个月后购进1 000吨钢材，工厂以当前现货钢材价格6 000元/吨制定成本预算，不愿提前购进原料占压库存，但是又担心2个月后钢材价格上涨，于是决定买入上海期货交易所金属钢材合约进行套期保值，以5 800元/吨的价格买进7月期货合约1 000手（1吨/手）。

6月1日，当工厂决定开始购进钢材时，现货钢材价格已上涨至7 000元/吨，而7月期货合约价格也上涨至6 800元/吨。工厂在购进现货的同时卖出平仓期货合约，用期货合约的差价盈利（1 000元/吨）弥补现货采购的成本亏损（1 000 元 / 吨），从而锁定了采购成本，成功地实现了套期保值，如表 7-8 所示。

表 7-8　案例解析

| 现货市场 | 期货市场 |
|---|---|
| 3 月 30 日，计划 6 月购进，成本价格为 6 000 元 / 吨 | 3 月 30 日，买进 7 月期货合约，成交价格为 5 800 元 / 吨 |
| 6 月 1 日，实际购进，成本价格为 7 000 元 / 吨 | 6 月 1 日，卖出 7 月期货合约，平仓价格为 6 800 元 / 吨 |
| 亏损：−1 000 元 / 吨 × 1 000 吨＝−1 000 000 元 | 盈利：+1 000 元 / 吨 × 1 000 吨 ＝+1 000 000 元 |

### 4. 供应商早期介入

很多人都知道设计决定了产品 80% 的成本。在新产品研发初期，如果设计人员不懂工艺，很有可能导致产品在制造过程中的报废率较高，造成极大的浪费。因此，**一个有效的降本方法是让供应商早期介入产品设计流程，邀请设计能力强的供应商参与产品设计或委托其设计产品，将产品的制造成本降到最低。**

根据供应商介入程度及阶段的不同，我们可以将供应商早期介入分为 5 个层次，具体如表 7-9 所示。

表 7-9　供应商早期介入的 5 个层次

| 层次 | 内容 | 内容详述 |
|---|---|---|
| 第 1 层 | 提供信息 | 这是供应商早期参与企业产品开发的最低层次。通常只是根据企业的要求提供必需的信息（如设备产能等）供企业参考 |
| 第 2 层 | 设计反馈 | 针对企业的产品设计和开发情况，供应商会提出有关成本、质量、规格或生产工艺方面的改进意见和建议 |
| 第 3 层 | 零部件开发 | 供应商根据企业提出的零部件要求，深入参与或独自承担相关零部件的设计和开发工作 |
| 第 4 层 | 部件或组件整体开发 | 在这一层次，供应商承担企业产品中较重要的部件或组件设计和开发的全部工作 |

（续表）

| 层次 | 内容 | 内容详述 |
|---|---|---|
| 第5层 | 系统开发 | 这是供应商早期参与产品开发的最高层次。供应商必须根据企业产品的整体要求，完全承担整个系统的开发工作。供应商必须拥有产品开发的专业技巧或技能，允许企业独家享有该产品技术的使用权，并对企业的产品设计和开发过程中所涉及的问题承担责任 |

值得注意的是，供应商早期介入有利有弊，如表 7-10 所示。

表 7-10　供应商早期介入的优劣势

| 优势 | 劣势 |
|---|---|
| （1）总成本最低<br>（2）加速设计进度<br>（3）减少设计资源的投入 | （1）有被供应商绑架的风险<br>（2）有核心技术被泄露的风险 |

因此，在实施供应商早期介入的过程中，采购需要注意以下 5 个事项。

（1）在早期介入阶段，选择合适的供应商至关重要。企业需要评估供应商的技术实力、经验和专业能力，确保其能够为项目提供有价值的建议和必要的支持。

（2）在供应商早期介入之前，企业和供应商应共同明确合作的目标和规则，包括项目的范围、时间表、责任分工等。这有助于双方在合作过程中保持一致，避免误解和冲突。

（3）在供应商早期介入过程中，涉及的技术和知识产权需要得到妥善保护。企业和供应商应签署相应的保密协议和知识产权协议，明确双方的权利和责任。

（4）供应商早期介入可能会带来一些风险，如技术风险、成本风险等。企业需要与供应商共同识别和评估风险，并制定相应的风险应对措施，以降低风险对项目的影响。

（5）企业应对供应商早期介入的效果进行监督和评估，及时发现问题和改进措施，确保合作的顺利进行和达到预期的效果。

至于如何规避在供应商早期介入时采购被供应商绑架的风险，请阅读下文。

**延伸阅读** 采购如何规避供应商早期介入的风险

一家做光纤的供应商推介新产品。

"我司的光纤既可以传播信号，又可以导电，是全世界唯一的。"销售诚恳地说。

"这种光纤虽然比普通的光纤贵，但是在长距离传输时不需要电流扩大器，可以节约总成本，节省产品空间。"

采购计算后得出，采用新光纤的方案的确**比现在的设计方案便宜**，于是采购推动工程师重新设计产品，使用新光纤。

一年以后，供应商打来电话："贵司去年实际的采购量没有预测的那么多，我们成本上划不来，**要求价格涨为原先的两倍，立即执行。**"

采购这才意识到，**由于独家供应，该供应商已经成为瓶颈供应商。**

问题是，工程师新设计的产品再也放不进电流扩大器，变回原方案的代价太大。

迫不得已，采购只能答应供应商的涨价要求。这样一来，**总的采购成本反而比原先的方案高出很多。**

**采购做了亏本的买卖，供应商笑到了最后。**

那么，采购应该如何规避供应商早期介入的风险呢？

答案是，**使用新技术的前提是之前的设计方案必须保留，两者必须兼容，直到新技术普及，有不止一家供应商可供选择。**

在本案例中，工程师应保留产品中放置电流扩大器的位置。在供应商提出涨价时，采购可以切换回原方案。这样的话，供应商还敢涨价吗？

### 5. 瓶颈物料解决三步法

瓶颈物料一般有以下 3 个特性：

（1）**供应商强势，你弱势；**

（2）**物料出现全球短缺；**

（3）**无法与供应商议价。**

采购在工作中最难管理的就是瓶颈物料。解决这个问题分为下列 3 个步骤。

（1）在发现瓶颈物料时，在短期内（通常在 3 个月内），采购要确保供应。在这种情况下，公司应当允许采购额外花钱购买现货或者请原厂分拨更多的产能建立安全库存。

（2）在中期内（半年到一年），采购要推动设计部开发替代品或降低要求、重新选型。这里要注意，采购只能牵头，不能替研发做决策。

（3）如果问题在中期内没有得到解决，采购应当向高层报告，决定是否自制或收购供应商。

---

**延伸阅读** 采购如何与瓶颈供应商建立良好的关系

采购最头疼的事情就是与瓶颈供应商打交道。

为什么瓶颈供应商都这么牛？因为所有的公司都是趋利的。当客户只能从一家供应商买时，双方的位置和力量就发生了对换。从某种意义上来说，客户变成了供应商，供应商变成了客户。

那么，采购应该怎样与瓶颈供应商建立良好的关系，保证供应和价格的稳定呢？

我们看看小明是怎么做的。

小明是一家汽车零部件公司的资深采购员，负责关键品类。

他需要为新产品采购一款电机，这款电机只能从德国进口，供应商只此一家。

"坏了，"小明心想，"又要跟瓶颈供应商打交道。"

好在小明是有经验的，他先跟项目部和计划部打好招呼，说明这家供应商的特殊情况，确保在与该供应商沟通时，各部门能够展现出最积极的一面。接着，小明把公司最新、最全的介绍发给该供应商的销售，并通过电话介绍了自己公司的市场、定位和前景，讲明将来会采购更多的电机。

这让供应商的销售眼前一亮，对方认为小明的公司是很有前景的客户。之后，小明邀请该供应商对此种电机报价。经过多年的经验积累，小明对此电机的市场价格比较了解。当供应商报出的价格并没有明显高于市场价格时，小明心中窃喜。

但是，供应商提出无法接受 90 天的账期（从欧洲海运到国内需要 50 天，再加上处理发票和付款的时间，国内公司一般会要求 90 天账期）。

小明与采购经理和财务经理协商，决定通过银行担保的方式，即公司按照 90 天账期支付银行，银行收取 0.5% 的担保费，银行按照 30 天账期支付给德国供应商，以满足供应商提出的付款条件。

在开展业务的过程中，因为 2019 年国内汽车市场不景气，客户经常不能按时付款，导致公司的现金流非常紧张，财务几次要求小明与德国供应商商谈账期，都被小明拒绝。这是因为，按照德国的商业规则，一旦签了合同就不得变更，一切变更都要等到合同履行完毕再谈。

有人担心，小明这样做是不是太护着供应商，没有照顾自己公司的利益？

**对于瓶颈供应商，采购只能做到保价格和保供应，还要更多就是想多了。**

一年以后，由于小明在德国供应商面前为公司树立了良好的形象，在合作中也非常规范，在谈年降时，供应商降了 3%，小明取得了不错的业绩。

读完这则故事，请读者想想采购与瓶颈供应商建立良好关系的方法是什么。

总结起来，一共有 3 个要点。

### 1. 反向营销

采购要学习销售，将心态从甲方调整为乙方，主动向瓶颈供应商宣传自己公司的正面形象。

### 2. 不要更多

当瓶颈供应商提出一个可以接受的条件后，采购不要再去纠缠诸如交货期、账期、安全库存等其他次要条件，只要守住最重要的底线——价格和产能即可。

### 3. 严守规则

甲方要严守双方的承诺，在履约的过程中不能单方面修改，采购要起到对内监督的作用。

## 7.5　实战降本的 4 个方法

实战降本的方法包括采购新人如何实实在在地降本、延保替代自保、品牌渠道保护及其破解方法和学习曲线，本节将逐一介绍。

### 1. 采购新人如何实实在在地降本

近几年，随着精益生产的普及，比较常规和明显的降本机会已经被前人挖掘完毕。**作为采购新人，在不降产品要求的前提下，结合协同降本的思路，实实在在的降本方法还有哪些呢？** 下面总结了 8 个方法，如图 7-14 所示。

（1）**优先发展近距离的供应商，降低物流与管理费用。**

如果你是在大批量的行业做采购，你会发现，经过几年的商务降本，各家供应商的价格都差不多，都已经降到底了。这时，谁距离甲方工厂近，谁的物流费低，谁就可以取胜。

| （1）优先发展近距离的供应商，降低物流与管理费用 | （2）把采购的降本要求写在标书里，如"年降5%，连降3年" | （3）如果你在小批量多品种行业做采购，要参与部件选型 | （4）供应商早期介入要慎重 |
| --- | --- | --- | --- |
| （5）提升部件的标准化和通用化 | （6）用外购件替代自制件 | （7）EOL[①]产品线的再利用 | （8）用自制替代外购 |

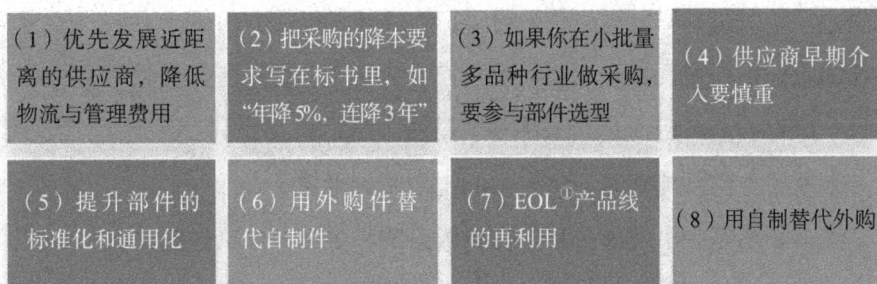

图 7-14　8 个实战降本方法

因此，在开发供应商时，如果该产品没有技术壁垒或者区域性的成本优势，供应商距离你的工厂越近越好。

**如果你管理的某一品类的采购量足够大，就可以推动供应商在你的工厂附近设立组装线或者加工车间，为你备安全库存，真正做到总成本最低，价格最有竞争力。**

（2）把采购的降本要求写在标书里，如"年降 5%，连降 3 年"。

有的读者一定会摇着头说："这么做无异于给供应商送钱啊！供应商一定会把价格提高，采购的年降是虚假的。"

如果你只有 2~3 家供应商可选，就可能会有这个问题。但是，如果你有 8 家供应商充分竞争，还有新的供应商想进来呢？实践表明，**有的供应商出于饿死竞争对手的目的，会冒着赔本的风险报出最低价并答应"5%×3 年降本"的条件。这样一来，采购在拿到低价格的同时，还通过合同锁定了年降业绩。**

但是，这里的确有一个风险，那就是如果该产品的实际采购量低于招标时的预测量，供应商就会以此为借口不履行降本承诺。

针对这一点，采购要结合实际情况考虑是否在招标期明确即使实际的采

---

① End of Life 的缩写，意为产品生命周期终止。

购量低于预测量，供应商也要执行"5%×3 年降本"的条款。**供应商跟甲方合作的唯一前提是利益**，如果无利可图，供应商一定不愿配合。而且，在价格低于成本后，供应商会向采购索要新的项目以保持盈利。因此，采购要结合未来新业务的预测和对该供应商的定位做好准备。

（3）**如果你在小批量多品种行业做采购，要参与部件选型。**

因为小批量行业往往是做高技术或者高可靠性的产品，所以研发容易选择新技术或新产品。但是，如果世界上只有一家供应商能提供新技术或新产品，采购就无法控制价格，所以采购要与研发沟通好，要选择能够实现功能、最容易买到的部件，而不是搞出一大堆瓶颈供应商，无法谈价格。

（4）**供应商早期介入要慎重。**

有的读者问："书上都说通过供应商早期介入来支持研发是最佳的降本方式。供应商懂工艺，他们跟研发配合设计出的产品的制造成本是最低的，可以一次性把成本降到底。"

问题是，现在的供应商都很聪明，一旦出现绑架甲方的机会，他们一定不会错过。例如，在供应商早期介入时，他们会要求共享知识产权。一旦共享，就意味着采购不能再找别的供应商做这个零部件。如此一来，供应商便会漫天要价，保证金、设计费、差旅费、工装费、模具费、装卸费、模具仓储费等供应商能想到的各种名目就跟着来了，而且一切费用都要求甲方预付。

他们会把部件价格报得高高的，还不准采购还价。谁叫自家工程师不会设计这个件呢？一旦搞不好，采购就会被供应商牵着鼻子走，大部分降本成果都被供应商拿走了。

因此，在做供应商早期介入时，采购要拿捏好分寸，只有把知识产权牢牢掌握在自己手里，才能跟供应商谈合作，从而**把大部分降本成果留在自己手中**。

（5）**提升部件的标准化和通用化。**

采购要跟研发一起把一部分部件标准化，如支架、紧固件等；把一部分部件通用化，如灯泡、开关、接插件、线缆等，**通过标准化和通用化手段，增加部件采购量，节省研发成本和模具费。** 通过集中更大的采购量，采购就能跟供应商谈更低的单价或者开发二供，引入竞争。

（6）用外购件替代自制件。

例如，某室内阅读灯包含一个照明模组，市场中有很成熟的模组，售价为 55 元／个，自制的话，价格是 90 元／个。采购在获知这一信息后要告知研发**选择外购件，直接降本。**

（7）EOL 产品线的再利用。

一个产品处于生命末期往往意味着下一代产品将要上市。在很多时候，生产两者的模具、工装和生产线有一定的相似性。也就是说，采购不一定要重新投资，购买全新的模具、工装和生产线。**对现有资产进行翻新和修改，可以省下很大一笔钱。**

（8）**用自制替代外购。**

在自己工厂产能充足时，采购可以把模具转移回来，**通过边际效应（即工厂的固定费用不变，每多做一个部件就多一份摊销）降本。**

最后，笔者要叮嘱采购新人，在发现容易降本的机会时要保持谨慎。例如，采购发现某个零部件供应商很好找，可以轻易通过谈判把成本降低 10%。之所以发现这种机会，本质上是因为上一任采购没有把商务工作做好，被新采购捡了漏，没有必要鼓吹。

降本不易，采购要对参与降本的供应商、研发和其他利益相关方心存感激，唯有如此降本方能长久！

### 2. 延保替代自保

设备如何保养？备件如何备库？

这是维修部和采购部的痛点。有没有一种方法，既能帮助公司降本又能保障设备维护呢？

答案是你可以跟原厂谈延保。例如，针对某一条生产线，去年发生的备件采购总额是 120 万元。由于只是向原厂一个一个买备件，原厂给你的备件价格肯定很高，而且你无法议价。在这种情况下，你完全可以尝试用 60 万元 / 年的价格跟原厂谈延保，按每月 5 万元分期支付，让原厂负责延保期内的设备保养和备件更换。这样做，你就在无形之中把备件的采购方式从之前的零星采购转变为整体打包采购。从原厂的角度来看，他们之前并不清楚你的公司的合作意向，由于你买每个备件时都会谈价格，原厂认为你的原则是"谁便宜就从谁家买"，所以对你的公司没有忠诚度。如果有了做延保的机会，原厂就有了跟你的公司深度合作的机会。而且，备件的利润很大且有不确定性，不是说去年甲方花了 120 万元更换备件，今年也得花这么多。因此，在仍然有利可图而且可以与客户长期合作的前提下，大多数设备厂商会同意按上年备件采购总额的一半价格提供延保服务。

对采购而言，虽然不确定今年会发生多少备件采购额，但是你用去年的备件采购总额和今年的延保服务价格向公司高层报告，公司一定会认可这个业绩。

### 3. 品牌渠道保护及其破解方法

**很多品牌产品都有严格的渠道备案保护机制。**

什么是渠道备案保护机制呢？例如，某德国公司产的实验设备是业内最高端的，该公司在国内有两家代理商，分别负责东北市场和西北市场。当一位客户找东北代理询价时，东北代理会向德国原厂询价，德国原厂报 100 万元人民币 / 台。之后，东北代理会把客户信息提交给德国原厂备案，并通知德国原厂自己会按照 200 万元 / 台的价格向客户报价。这位客户收到 200 万元 / 台的报价后觉得太贵，于是又找到该品牌的西北代理报价。当西北代理向德国原厂询价时，德国原厂告知西北代理，东北代理已经做备案了，报价是 200 万元 / 台。之后，德国原厂要么不允许西北代理向客户报价，要么要求报价不得低于 200 万元 / 台。这就是渠道备案保护。

渠道备案保护对德国原厂的好处是便于控制市场价格，防止不同代理之间出现恶意竞争，破坏应有的利润。而且，原厂会对每个客户的历史采购价格做好记录，防止相同配置的设备在同一客户处报出不同的价格。

但是，在实际工作中，经常会出现这种情况：**使用部门在采购申请还未提交到采购部时，自己暗地里跟品牌代理商打好招呼并商定价格，导致品牌代理商提前完成渠道备案保护。**等采购申请到达采购部后，采购只能替别人做嫁妆。

那么，针对这种具有普遍性的难题，采购有何破解方法？

例如，某世界 500 强跨国企业的采购员需要为一个位于西北的大工程采购指定品牌的冷却设备。不管使用部门有没有跟代理商提前串通，西北代理商的报价是正常的市场价格的两倍。该采购员正好跟该品牌华东代理商有私交，华东代理商说这个项目已经被西北代理商做了渠道备案保护，否则他们愿意按照市场价即西北代理商报价的一半把项目做了。之后，这名采购员将情况上报给采购总部，总部决定把西北代理商放入黑名单（即禁止采购名单）并书面通知原厂。原厂随即取消西北代理商做该项目的渠道权并解除备案保护。随后，华东代理商获得了报价的机会，采购员拿到了理想的价格。

除了以上介绍的方法，常用的破解供应商渠道保护的方法还有联合采购（有同行购买时，把所在公司的需求量加入一起买，但是不让供应商知道所在公司与同行联合采购）和转售（由创始人控股的其他公司买进再转售给所在公司）。

### 4. 学习曲线

学习曲线是采购降本中的一个重要知识点，最初起源于美国航空工业。其核心发现是，随着生产经验的积累，每件产品的制造成本会按照一定的比例逐渐下降。这种单位产品成本的下降与规模效应无关，原因只能归结为学习效应，一般取决于以下 7 个因素：

（1）随着特定产品生产经验的增长，监督次数减少；

（2）通过流水线作业，效率得到提高；

（3）缺陷和产品报废率降低；

（4）批量规模增加，这意味着重新调整机器的时间减少；

（5）生产设备的改进；

（6）过程控制得到改进；

（7）工程设计变动减少。

学习曲线的基本原理是，**每当一个特定产品的累计生产量翻倍时，生产该产品所需要的平均时间大约为初始阶段所要求时间的 *x*%。**

拿一个曲率为80%的学习曲线为例，这意味着当累计产量翻倍时，生产一个单位的产品所需要的时间只需要初始时间的80%，具体如表7-11所示。

表 7-11　累计产量翻倍时，生产一个单位 产品所需时间

| 累计生产量（件） | 单位产品所需时间（分钟） |
| --- | --- |
| 1000 | 20 |
| 2000 | 16 |
| 4000 | 12.8 |
| 8000 | 10.24 |

学习曲线的作用是，采购能够通过了解供应商的学习曲线要求供应商降价。

学习曲线在以下情况中尤其适用：

（1）当一个供应商按照甲方的规格进行定制件生产时；

（2）当采购量翻倍时；

（3）当甲方发现供应商的报价不具有竞争力时；

（4）当人工费在成本中占比较大时。

## 7.6 降本项目的 4 个管理步骤

越是贡献度高的降本手段，如供应商早期介入、价值工程与价值分析，越需要采购具备丰富的降本项目管理经验。降本项目管理主要包括 4 个步骤，如图 7-15 所示。

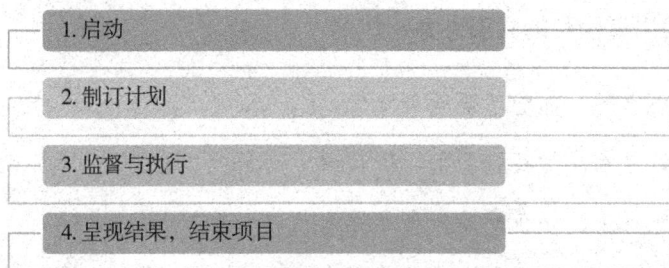

| 1. 启动 |
| 2. 制订计划 |
| 3. 监督与执行 |
| 4. 呈现结果，结束项目 |

图 7-15　降本项目管理的 4 个步骤

### 1. 启动

为了启动项目，采购需要确认项目启动的可行性和自己的使命，并获得正式授权。例如，总经理提出以成本降低来立项，采购需要完成以下工作。

（1）**识别所有降本的可能性，排出优先级**，如表 7-12 所示。

表 7-12　降本优先级确认表

| 品类 | 节约金额 | 难易程度 | 总分 |
| --- | --- | --- | --- |
| 线束 | 2 | 2 | 4 |
| 铸件 | 1 | 3 | 3 |
| 电子件 | 2 | 1 | 2 |

这里要注意，分数为 1、2、3，其中，1 代表金额最少或者难度最大，3 代表金额最大或难度最小。总分 = 节约金额 × 难易程度。

（2）**确认项目的可行性**，如表 7-13 所示。

表 7-13　项目资源确认表

| 检查项目 | 结果 |
|---|---|
| 是否有足够的人员 | Y |
| 人员技能是否足够 | Y |
| 实验设备是否足够 | Y |
| 投资费用是否足够 | Y |

（3）**提出结构化的立项方案**，包括：

- 立项原因，如管理层要求降本；

- 估计成本，如实验费用、模具费、人员的工时费等；

- 期望收益，如在产品生命周期内节省 300 万元；

- 方案分析，如将线束连接器国产化、放宽铸件平面度等；

- 存在的风险，如某些连接器可能会有可靠性问题；

- 各种可能的风险替代方案，如在线束连接器国产化的例子中，只用国产连接器的外壳替代进口外壳，接插的端子仍采用进口产品，然后再次分析收益、成本、风险和可行性。

（4）**识别项目的利益相关者**。例如，此降本项目涉及的利益相关方包括总经理、采购经理、品质经理、设计经理，甚至客户（如果产品变更需要客户审批）。只有项目采购（在此项目中承担项目经理的角色）提交的立项方案得到所有的利益相关方的一致认可，才可视为正式立项。

## 2. 制订计划

（1）项目采购需要确定项目人员构成，如设计工程师、质量工程师应该成为项目成员。

（2）项目采购需要明确项目成员的工作范围和职责。

（3）项目采购需要明确项目的活动及活动的先后次序。

（4）项目采购需要明确项目的重要里程碑和时间节点。

### 3. 监控与执行

在项目进行的过程中，项目采购要根据预先设定的预算和时间节点来监控各项活动是否完成到位，在出现问题时决定是否启动预案。除了在降本类项目中承担项目经理的角色，项目采购还要在新产品开发类项目中确保供应管理工作顺利完成，例如：

- 外购件的可行性分析；
- 询价或招标按时完成；
- 外购与自制决策完成；
- 供应商选择完成；
- 外购件的投资和单价都在预算内；
- 部件的变更管理完成；
- 合同签署生效；
- 样件按时到达且合格。

### 4. 呈现结果，结束项目

在项目执行完毕后，项目经理或项目采购要向公司内部的利益相关方汇报结果。如果结果和立项时的分析有差异，则要分析差异、总结教训并提交报告，确保下次再做类似项目时不会发生相同的问题。

**小故事** 年降 10%？采购不是"神童"

"姜老师，我要完成 10% 的年降，应该怎么办？"上午，一个陌生人加我微信，名字叫杰克，头像是他和儿子在日本旅游时的照片，衣着洋气。我初步判断他是在外企工作的一名采购管理者。

"降本的方法倒是有 20 个，都在我的书中，只是不知道有多少适合你们公司。"杰克的问题很有挑战性，引起了我的兴趣。

"年降 10%，我只在竞争激烈且高速扩张的民企听说过，为什么一家高科技外企要这么做？"要想解决问题，首先要了解原因。

"公司是几十年的老企业，之所以突然有成本压力，是因为这几年竞争对手不断推出质优价廉的新品，对公司冲击太大，公司只能被动应战。"杰克的语气很冷静，文字间流露出管理者的理性和逻辑。

"公司在航天行业，是典型的小批量多品种，而且经过多年降本，一线采购反馈说供应商的利润已经很薄了，最多再降 3%，距离 10% 有很大的差距。"杰克已经下过功夫，看起来真是无计可施了。

"我知道了。如果单靠采购的力量挤压供应商的利润，除非之前的价格过高，否则无法持续，更不用说 10% 了。但也不是没有办法，可以请研发做价值分析，在真实的成本上想办法。"我想杰克总不至于不知道这一点，但还是提一下为好。

"是这样的，姜老师，我们研发完全没有资源支持价值分析，而且很多关键部件是供应商设计的。公司的高层更愿意给采购部施加压力，而不是协同，所以我才问您。"杰克的言外之意是：如果这么简单就能解决，我还需要向你请教吗？

是的，这是所有采购管理者的痛点，尤其是在高科技公司，采购往往只是支持研发的辅助部门，得不到足够的资源，没有办法体现自己的价值，也就无法影响高层，更无法受到重视，容易陷入恶性循环。

对于一家拥有几十年历史、小批量多品种的公司，已经不用谈诸如集中采购、供应商早期介入、简化审批、流程外包等降本方法了，靠这些肯定无法完成 10% 的降本任务。

那么，是不是没有办法解决这个问题了？

其实是有办法的，只是这是一个采购通常不愿意使用的"馊主意"。这个办法就是**引入新供应商**。

把所有的料号、年用量、现有价格都统计好，开发一大堆新供应商（可以寻求第三方咨询机构的帮助），随后逐一竞价，把每个部件重新给价格最低的供应商来做，或许可以完成 10% 的年降任务。

那么，为什么说这是一个"馊主意"呢？

因为这种做法破坏了原有的采购战略，缺少持久性。**它选择了最优价格而不是最优总拥有成本**，相当于把之前的供应体系和供应关系完全打破了，不顾将来可能发生的供应商不配合问题，或者无视公司内部有限的供应商管理资源，只为拿到最低价格。

有的读者会问，既然之前的价格已经很低了，新供应商会有这么大的降本空间吗？

别忘了，这是一家老牌高科技外企，有很好的信用，可以成为很多供应商进入这个领域的跳板，批量又不大，自然会有供应商愿意不赚钱接单。但问题是，供应商又愿意做多久呢？

采购不是神童，不是所有问题都能通过采购单方面妥善解决。

如果一家公司的高层不懂得如何优化管理，而是把问题推给采购，提出不切实际的目标，又不解决采购提出的问题，那么在正确的价值观与残酷的现实面前，你会如何取舍呢？

第 8 章

**供应链的优化**

不知道大家是否已经发现，随着企业之间竞争的加剧，采购需要解决越来越多的供应链管理问题，例如：

- 计划说供应商不能交货，怎么办？
- 品质说来料有问题导致生产停线，怎么办？
- 销售说客户频繁变更预测，怎么办？

采购需要转变思维，不能再只从采购的角度审视棘手的供应链管理问题。

本章将介绍供应链管理的概念、发展趋势及优化方法，教读者如何优化供应链，最终成为卓越的采购与供应链管理者。

## 8.1　供应链管理概览

近几年，随着我国各行各业的市场集中度不断增加，在各个赛道上排名靠前的企业规模不断增大，企业的供应链管理水平也在不断提升。但是，大多数企业负责人不了解供应链管理，优秀的供应链管理人才奇缺依然是业界的痛点问题，导致大多数企业的供应链效率不高，成本居高不下。

没有跌倒就没有爬起，我们要了解供应链管理的差距在哪里，认真学好供应链管理知识。

### 1. 美日中企业的供应链管理差异

人们常说："人要开阔眼界，不做井底之蛙。"采购应该了解不同国家的供应链管理模式和理念。下面介绍一下美国、日本和我国企业的供应链管理模式有何不同。

（1）**美国企业的供应链管理模式**。美国企业多采用以合同制为核心的供应链管理模式，主要具有以下特征：

- 开发多家供应商，引入充分竞争；

- 一旦签署合同，就要认真执行；

- 通过供货、品质、降本、服务等指标管理供应商；

- 合同到期后，再次通过充分竞争的方式确定供应商。

美国企业的供应链管理模式如图 8-1 所示。

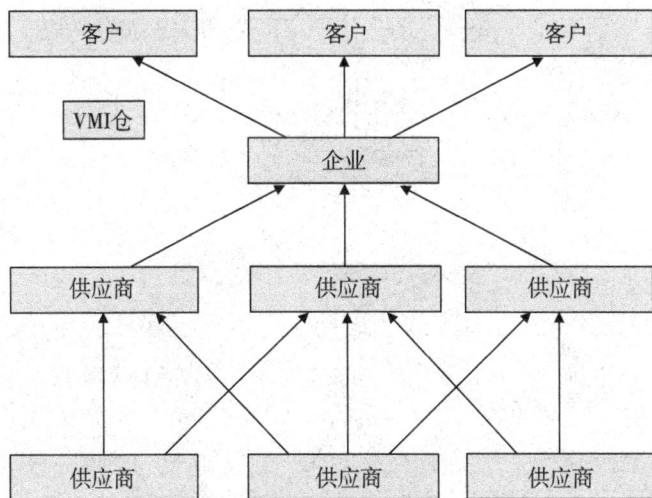

图 8-1 美国企业的供应链管理模式

**它的本质是一种压榨模式**，企业不去培养供应商，而是最大限度地压榨供应商，获取最大的短期利益。

（2）**日本企业的供应链管理模式**。日本企业多采用以负责制为核心的供应链管理模式，主要具有以下特征：

- 在大企业之间通过社长会、综合贸易商社和主体银行互相参股，结为同盟；
- 客户与供应商之间往往是一对一服务的，而且会一直保持供货关系；
- 从供应链的角度看，日本企业往往自成体系，其中大企业是家长，小企业是儿子；
- 无论是设计变更还是降本，客户都会与供应商深度协同，客户会教供应商怎么做。

日本企业的供应链管理模式如图 8-2 所示。

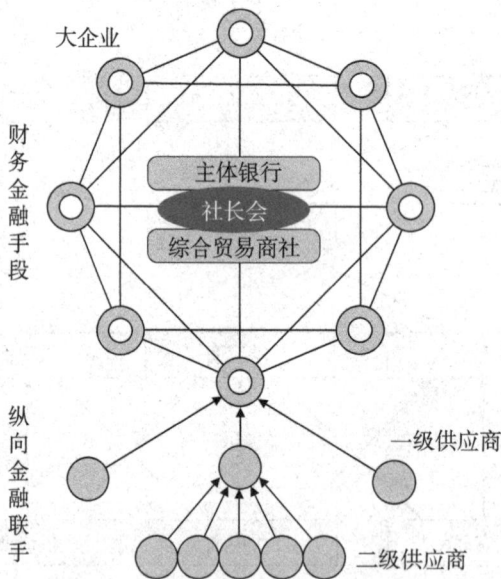

图 8-2　日本企业的供应链管理模式

**它的本质是一种培养模式**，企业不是在短期内最大限度地压榨供应商，而是培养供应商，与之共同发展，实现持续增值。

（3）**我国企业的供应链管理模式**。我国企业多采用以最低价为核心的供应链管理模式，主要具有以下特征：

- 中小企业扎堆，产品同质化严重，企业之间直接竞争；

- 很多行业聚集在一个地区，区域竞争异常激烈；

- 众多企业经营附加值低的产品，比谁的价格更低。

我国企业的供应链管理模式如图 8-3 所示。

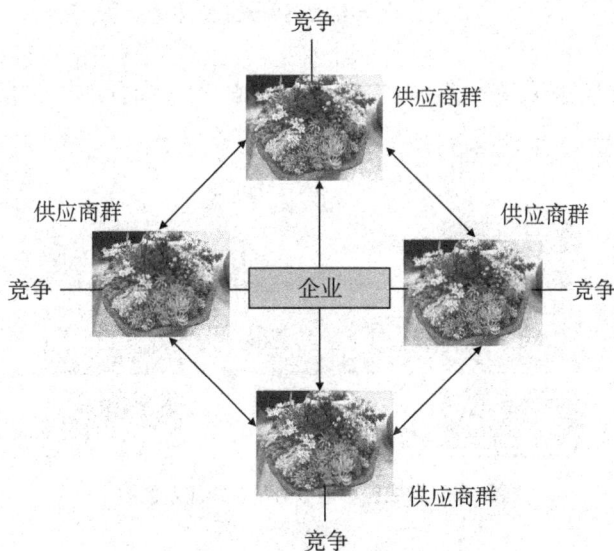

图 8-3　我国企业的供应链管理模式

**它的本质是一种豆芽菜模式**，不少企业不重视供应商关系，不了解科学的供应链管理方法，纯粹为了拿到最低价而不断地更换供应商。

### 2. 供应链管理的服务化和平台化

供应链管理服务是 2017 年我国新增的国民经济类别，是供应链管理发展到一定阶段后的必然产物。

目前，各行业、各领域都有专业的供应链管理服务平台。

**供应链管理服务平台有什么优势呢？**

下面从三流（即物流、资金流和信息流）的角度介绍供应链管理服务平台相比于传统贸易模式的优势。

（1）从物流的角度来看，传统贸易模式采用直线式的物资运输，即将物资从生产商仓库运输到贸易商仓库，再从贸易商仓库运输到客户仓库，如图8-4所示。

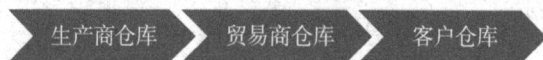

生产商仓库 ▶ 贸易商仓库 ▶ 客户仓库

**图 8-4　传统贸易物流示意图**

供应链管理服务平台把各种物料统一收集到一个仓库里，根据客户的需求打包统一配送，如图 8-5 所示。

| 物料 A | | 客户 A |
| 物料 B | 供应链管理服务平台仓储 | 客户 B |
| 物料 C | | 客户 C |

**图 8-5　供应链管理服务平台物流示意图**

这种模式既可以减轻物料生产商的库存负担，又可以缩短客户的收货时间，还可以减少送货频次和物流费用，实现对物流的优化。

（2）从资金流的角度来看，在传统贸易模式中资金从客户端向贸易商端再向各级生产商端单向流动，一旦某一环节资金流断裂，整条供应链也会断裂，如图 8-6 所示。

客户 ▶ 贸易商 ▶ 生产商

**图 8-6　传统贸易资金流示意图**

供应链管理服务平台通过订单和纳税记录等信用背书，可以从供应链金融企业或银行以很低的成本获得资金，对上下游企业进行借贷，确保了资金流的安全，如图 8-7 所示。

图 8-7　供应链管理服务平台资金流示意图

（3）从信息流的角度来看，供应链管理服务平台借用互联网技术，以 B2B 模式集成行业内客户的需求和供应商的供应信息，推动联合采购和行业供应链的整合，进而推动整个行业降本增效，如图 8-8 所示。

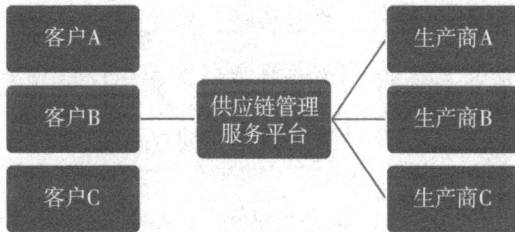

图 8-8　供应链管理服务平台信息流示意图

### 3. 用 SCOR 模型诠释供应链管理的概念

供应链运作参考（Supply Chain Operations Reference，SCOR）模型是由国际供应链协会（Supply Chain Council）开发、支持，适用于不同工业领域的模型（见图 8-9）。

SCOR 以企业的计划为起始点，拓展到采购、生产、配送和退货等环节，之后再拓展到客户、客户的客户、供应商、供应商的供应商的供应管理，从而指明了供应链管理的范围和概念。

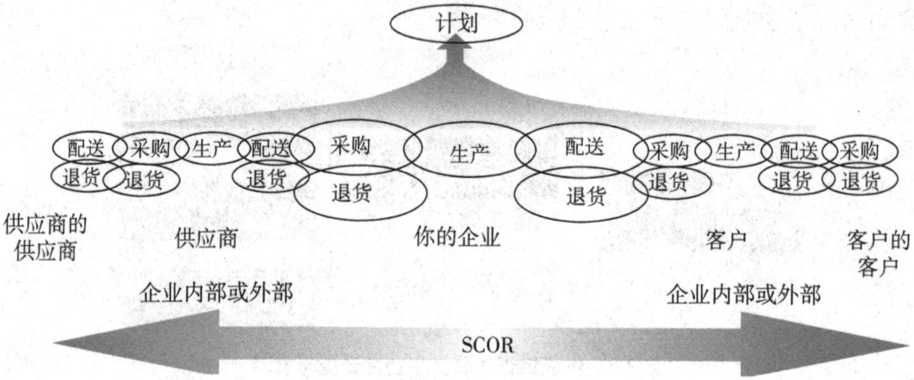

**图 8-9　SCOR 模型**

### 4. ABC 物料分类法

ABC 物料分类法是指:

- 10% 的物资占有 70% 的存货价值,定义为 A 类物资;
- 20% 的物资占有 20% 的存货价值,定义为 B 类物资;
- 70% 的物资占有 10% 的存货价值,定义为 C 类物资。

从供应链优化的角度看,采购要先针对 A 类物资降库存,之后针对 B 类物资降库存,最后针对 C 类物资降库存,这样才能做到在有限的时间里产生最大的效益。

### 5. 弹性供应链与牛鞭效应

弹性供应链是 20 世纪 90 年代初由很多世界 500 强企业提出的模糊概念,至今没有公认的定义。

笔者认为,**弹性供应链是指为了应对市场需求的不断波动,企业要不断扩大供应链的边界,以便在最低的风险和成本下获得最大的弹性。**

打造弹性供应链需要采购、仓库、物流、生产、品质甚至销售把各自的管理精细化,制定可行的应急预案,做好协同。各个部门对增强供应链弹性的贡献如下。

- 仓库：缩短出入库时间，账目录入准确，有效利用仓储空间。
- 物流：制定紧急运输预案，开发备用外库。
- 生产：缩短节拍时间，提升成品率。
- 品质：提升来料成品率，缩短检验时间。
- 销售：跟客户做好需求计划的沟通和协同。

**牛鞭效应**是指由于市场及供需双方的信息不对称，一个增量预期会在供应链的各个环节不断被放大，最终造成大量浪费。以图形表示的话，它很像一条甩起的牛鞭（见图 8-10），因此被形象地称为牛鞭效应。

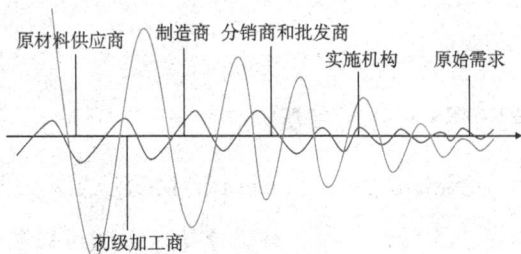

图 8-10　牛鞭效应

这里要注意，**牛鞭效应不可消除，只能缓解**。

**采购可以通过 3 个维度来缓解牛鞭效应，从而优化供应链，这 3 个维度分别是供应商的供应链、自己公司的供应链和客户的供应链。**

接下来分别从这 3 个维度介绍优化供应链的实战方法。

## 8.2　优化供应商的供应链

采购的主要职责是管理供应商，因此优化供应链的第一件事是优化供应商的供应链，其中有 4 个要点。

### 1. 优化供应商的成品安全库存

供应商的成品安全库存是指采购所购买的零部件在供应商处的备库数量，该库存最终由甲方负责。

如果安全库存数量过大，就会占用供应商过多的资金和场地；如果安全库存在产品生命末期耗用不完，就会产生呆滞；一旦发生设计变更，安全库存就容易消耗不完，成为呆滞。

如果安全库存数量过小，则会导致在客户突然增量时供应不及时。

一般来讲，根据行业不同，可以将安全库存设定为 1~2 周的耗用量且备库地点不限于供应商的工厂。采购可以要求供应商租赁外库，距离甲方工厂越近越好。

很明显，有了一定的零部件安全库存，客户的紧急增量会更加容易得到满足。

### 2. 优化最小起订量和一次订货量

最小起订量（Minimum Order Quantity，MOQ）越小，甲方供应链的灵活性越大。MOQ 多小才最好，业界并无定论。**采购可以参考一个托盘的装载量或一周的耗用量来确定一次订货量，并确保 MOQ 小于一次订货量**。这是因为，一个托盘是计算运费的最小单位，如果数量小于一个托盘，就会造成运费的浪费，而一周的耗用量往往多于一个托盘的装载量，这样设置可以节省运费。

在评估一次订货量的时候，采购需要知道供应商的经济生产批量（Economic Production Quantity，EPQ），即供应商生产一个批次的保本数量。如果供应商一次生产的部件数量低于经济生产批量，供应商就可能赔钱。

采购需要关注 EPQ 和一次订货量的匹配性。如果一次订货量小于 EPQ，供应商就会要求涨价。这时，采购需要说服供应商按照 EPQ 来安排生产，确保供应商能够盈利。但是，甲方可以按照一次订货量订料，剩余的物料作为库存放在乙方，待下次订货时买走。如果变成呆滞库存，则由甲方买单。

### 3. 长供货期零部件备库

供应商的长供货期零部件往往是采购在管理供应商的供应链时容易忽略的部分。

有些采购会简单粗暴地认为"供应商应该管理好自己的供应商"，导致供应商不敢备长供货期零部件的安全库存，在需求急增时频繁断货，最终影响的是自己公司的供应链。

正确的方法是，**采购要知道供应商的供应链的波动因素有哪些，跟供应商一起对症下药**。例如，一家国内的供应商需要从欧洲进口一种芯片，欧洲的芯片商给国内供应商 6 个月的交货期。面对这种情况，笔者会跟国内供应商签署备库协议，要求国内供应商准备 3 个月的安全库存，以应对供应的不稳定性。

从成本的角度来看，供应商为长供货期零部件而不是成品备库可以大大减少供应商的资金和场地占用，大大降低自己公司承担的库存风险，实乃明智之举。

---

**延伸阅读** Leadtime 怎么定

**什么是 Leadtime？** Leadtime 就是交货期。

**交货期怎么计算？**

有人说，交货期 = 供应商的最长原材料交货期 + 排产周期 + 运输周期。例如，某印刷电路板的最长原材料交货期是 6 个月，排产周期是 1 个月，运输周期是 1 周，供应商便会堂而皇之地要求你提前 160 个工作日下订单。这看上去是多么合情合理。但是，如果按照此种方式确定交货期，则会"只见供应商笑，不见物流部哭"。

在市场需求频繁波动的今天，如果哪个采购这么答应供应商，就会给公司带来大批库存，占用大量现金流，陷公司于危机之中。

那么，交货期到底应该怎么定？

正确的做法是，物流部要统一制订来料计划。例如，物流部统一规定，国内的外购件的交货期统一为 5 个工作日，国外的外购件的交货期统一为 10 个工作日（甲方负责上门取货）。

有人会问："供应商会同意吗？"

采购要针对供应商的高价值和长供货期零部件，与供应商签署安全库存协议，一旦将来发生呆滞，库存由甲方承担。这样一来，供应商才敢备零部件安全库存以满足短交货期要求。

又有人会问："你这样做只是把库存放在供应商处，把呆滞问题延后了而已。"

这种说法并不正确，因为双方签署的安全协议里的零部件安全库存数量要根据预测数量的变化不断调整，如每三个月修订一次，尤其是当预测数量减少时，零部件的安全库存也要适当减少。

当产品接近生命周期末期时，采购可以要求供应商取消零部件安全库存，尽可能避免呆滞。

因此，采购要想降库存，交货期就要尽量短。同时，采购还要眼观六路、耳听八方，如果**发现需求端有减量的趋势，要立即减少供应商处的零部件库存**，避免产生呆滞。

### 4. 增加订单的灵活度

传统的订料方式是公司与供应商按照一个固定的办法执行订单。例如，甲方需要提前 3 个月发预测给供应商，提前 1 个月下订单给供应商。当客户突然减单导致产品积压在自己公司的仓库时，有些采购居然还帮着供应商讲话，认为这样一成不变地工作就可以万事大吉。

现在很多公司面临的问题是，**预测就是一张废纸**。笔者在汽车行业工作时深有感触，任何一家车企的新车型在上市之前都叫得很响，如"年销售量轻松突破 20 万台"之类的。但是新车型上市以后，年销售量过 5 万台就算不错了，有的车型甚至一年只能销售几千台。

**增加订单的灵活度就是解决这些问题的灵丹妙药。**

如前文所述，因为我们跟供应商已经签署了成品安全库存协议和长供货期零部件安全库存协议，并大大减少了最小起订量和一次订货量，我们的订单的交货期可以从之前的 30 天、60 天或 90 天缩减为 5 天（前提是你的公司负责提货）。

但是，在供应商的产品出厂前，你的公司有权把订单最多推迟 3 个月。这是为了应对这种特殊情况：当客户突然减单时，供应商不能因为甲方下了订单便强行把零部件发到甲方工厂，造成甲方的库存周转率超标，被客户和供应商两头堵。

在对供应商的库存负责的前提下，甲方可以要求供应商把甲方所订物资最多保存 3 个月，若 3 个月内没有新订单，甲方会提走所订物资，这样就给供应链带来了很大的弹性。

有的读者会问："你仅仅是把库存在供应商那里多放了 3 个月，真的有用吗？"

答案是肯定的。下文将介绍如何优化自己公司的供应链。把每笔订单的数量降到一周的需求量，在 3 个月内只要市场有新的需求，供应商处的库存就会被消耗掉。


## 8.3　优化自己公司的供应链

在你的公司里，采购需要分别与物流和品管协同做好下列 3 件事情。

### 1. 制订并实施循环到货计划

制订并实施循环到货计划的目的是让供应商根据距离你公司的远近，每隔一周或两周发一次货，如国内一周发一次货、国外两周发一次货。这样做可以保证每次发货和到货的数量是一个可控、连续的最小数量，如一周的需求量。一旦客户削减订单，积压在你的公司的库存就会很少。

### 2. 削减或取消零部件的安全库存

尽量不要在你的工厂内备零部件安全库存，尽管工厂在削减或取消零部件安全库存的过程中会遇到很多问题。例如，生产可能经常面临停线的风险，这就需要采购不停地跟进催货。只有采购和供应商尽快度过低库存或零库存的磨合期，优化了整条供应链，才会越做越顺。

### 3. 签署 8 小时紧急处理协议

想想看，你的公司是否经常发生这种问题：供应商的来料抽检有异常，品管联系供应商解决问题，供应商认为这不是自己的问题，双方扯来扯去，于是这批料在进料区放了一个星期都没人处理。这时，生产突然说马上要停线，品管找采购协调解决问题。

为了防止这种问题反复发生，采购可以牵头跟供应商签署 8 小时紧急处理协议。协议内容是：在来料出现品质异常时，如果供应商在 8 小时内无法完成更换或者维修，甲方品管有权对来料进行处置，如挑选、维修等，以满足生产需要。若最终双方一致认为是乙方原因造成的不良，则相应的费用由财务计算，经乙方同意后从货款中扣除。

签署了 8 小时紧急处理协议后，你公司的品管就获得了不良品处置的主动权，还可以提升供应链的效率，规避生产停线的风险。

有的读者会问："供应商会同意签署吗？"以笔者在汽车行业的实践经验来看，如果你的公司信用足够好，90% 的供应商都会同意。

## 8.4　与客户的供应链协同

在绝大多数行业中，客户就是上帝。对于客户的要求，供应商不可以说"不"，这一点采购无法改变。但是，采购可以帮助公司的销售与客户的采购沟通，达成最大共识，最大限度地与客户的供应链协同。这是因为，客户的采购也是采购，采购的理念都是相通的。双方采购在一起沟通供应问题比销售与采购沟通更加顺畅，因为双方彼此理解对方的痛点，能够用供应链术语表达自己的想法。

其实，**客户最关心的问题是，在他们增量或减量时，供应商能否应对，能够应对到何种程度。**

面对不可能完成的增量任务，采购要学会迂回沟通，千万不能直接对客户说供应不上，否则客户只会要求你加班，并向你的领导投诉。换位思考一下，如果你的供应商对你说供应不上，你会不会做同样的事情？

针对客户的短期增量行为，采购可以根据供应链的峰值供货能力向客户说明。再次强调，不要说客户的增量太大，你的供应商供不上，而要对客户说清楚供应链的边界，超过最大供货边界会产生额外的加班费、运费、现货费甚至模具费、设备费等，而这些费用都要由客户来承担。

也就是说，**采购的态度必须是积极配合的，但解决问题的方法是说明供应链的最大弹性，并强调超出最大弹性所产生的费用须由客户自行承担。**

因为产生了额外费用，并担心供应商要钱，客户一般都会积极配合，在内部调整预测，使订货量重新回到你公司的供应链弹性边界内，最终实现客户供应链与自身供应链的协同。

下面举例说明。假定客户的周平均需求量是 1 000 个。你跟供应商签署了备库协议，供应商会备一周的成品库存 1 000 个，供应商的在制品按一周算是 1 000 个，长供货期零部件按照 4 周算是 4 000 个，在途成品按照一周算是 1 000 个，合计 7 000 个，如图 8-11 所示。

**图 8-11　供应链弹性示例**

你公司里的零部件安全库存已经被取消，但有一周的在制品 1 000 个，有一周的成品库存 1 000 个，还有一周给客户的在途成品 1 000 个，合计 3 000 个。加上供应商端的 7 000 个，合计 10 000 个。

假定客户的周高峰需求量是 3 000 个，那么你可以向客户承诺你的公司能够满足连续 3 周的高峰需求。如果周高峰需求的持续时间长于 3 周，你可以要求供应商及供应商的供应商一起拉动供应链，但是相关加班费、加急运费、现货费等由客户承担。

如同你的公司跟你的供应商签署备库协议，你可以和销售一起找客户签署备库协议，实现与客户供应链的深度协同。

## 8.5　公司之间的供应链管理是一场战争

**国之虽大，好战必亡！天下虽安，忘战必危！**

在产品和渠道严重同质化的行业里，公司唯有通过提升供应链管理能力才能立于不败之地。

然而，很多公司对供应链管理认识不足，陷入了"好战必亡"的误区和"忘战必危"的险境。

笔者深感有责任把问题讲清楚，帮助公司和采购从业者沿着正确的道路前进，不再摸着石头过河。

### 1. 好战必亡

不少公司不清楚供应链管理的边界，把精力放在问题根本无法解决的地方，只会使蛮力，最后白费工。时间长了，这些公司必然会被供应链管理水平更高的竞争对手所淘汰。所谓"使蛮力"主要体现在以下 3 个方面。

（1）**灵活的供应链一定贵，稳定的供应链一定便宜**。很多领导明知自己公司采用灵活的供应链管理，偏要给采购施压，要求拿到跟批量生产一样的采购价格。例如，销售衣服的电商平台拼的是供应链的反应速度，不应该过分强调衣服的采购价格最低。有位采购向我诉苦，他的领导要求他把供应链的敏捷做到极致，同时拼命给他施加降本压力，导致他花费大量精力做无用功。

（2）**公司的批量远小于行业龙头，却要求采购拿到有行业竞争力的采购价格**。很多公司领导者认为人定胜天，以为给采购足够大的压力就会有足够大的产出，殊不知供求关系产生的价格是有规律的。在你公司的批量远小于行业龙头的情况下，不要把注意力放在采购价格的竞争力上，而应该放在产品的总成本或总价值的竞争力上。例如，在机床行业，一家小的机床公司能够在市场中占有一席之地一定是因为其技术优势而不是低价格。

（3）**供应商数量过多，供应商变动过于频繁**。当公司规模较小时，由于对大规模的供应商没有吸引力，因此需要采取多源供应策略，以便在供应商不配合时进行切换。但是，当公司规模变大时，采购要进行品类管理并且优先选择单源供应的方式降本。可惜，国内有很多公司在规模变大之后还是用分散采购的方式管理供应商，而且在供应商不配合降价或供货有问题时仍然选择切换供应商，导致自己的供应链管理始终未能实现真正的高效率和低成本。

### 2. 忘战必危

在一些较为稳定的行业，如医疗、能源、电信等，公司正面临越来越大的市场竞争压力。如果不提升供应链管理能力，公司必将会陷入危机。

（1）**唯一源供应的风险规避**。医疗、电信行业的产品门槛高、复杂度高，很多核心部件都是单源供应的。在批量小的行业里，单源供应很有必要，因为它能保证最优价格。但是，采购要注意唯一源供应与单源供应的区别。例如，采购将所有的机加工件都集中到一家供应商进行采购，从而获得较大的降价，这是单源供应；设计指定了产品只能用某家供应商的特殊胶水，这对采购来说就是唯一源供应，没有其他供应商可供选择。采购需要说服设计更改产品要求，以便选择多家供应商的产品；或者培养多家供应商开发此产品，以此规避断供、涨价的风险。

（2）**核心供应商的财务风险规避**。在高利润、低竞争的行业里，公司的供应链管理压力并不大，但是采购要时刻关注核心供应商的财务情况，规避由供应商倒闭带来的断供风险。所谓核心供应商是指卡拉杰克矩阵中战略品类和瓶颈品类的供应商。

了解供应商财务情况的具体方法主要有下列 5 种。

- 通过天眼查或者企查查了解供应商的诉讼情况。例如，如果发现供应商近期有很多小额贷款公司的诉讼或被其供应商起诉，就说明供应商的财务状况岌岌可危。

- 查看年度审计报告。很多公司每年都会找外审公司做一次审计，采购可以查看结果。

- 对于上市公司，采购可以通过季度财报和股价来判断供应商的财务状况。

- 去供应商的现场访问，与产线工人或比较熟悉的工作人员闲聊，了解供应商现金流情况。

- 询问供应商的竞争对手、客户和供应商的供应商，了解情况。

（3）**贸易摩擦等政策风险规避**。有一种方法是把供应链转移到东南亚地区。

笔者在几年前管理过位于泰国的散热片供应商，发现其有三大优势。

① 人员稳定。在国内，在铝压铸这种低附加值的行业里往往除了管理

者全是兵，人员变动频繁，很容易出现品质问题，采购怎么帮忙都无法提升。笔者没见过泰国工程师频繁离职的情况。他们一般有 10 年左右的工作经验，可以长期稳定地为一个客户服务，甚至比客户的工程师还了解产品要求。因此，客户的满意度普遍很高。

② 政策稳定。泰国很少发生因环保问题工厂被强制关停的事件。

③ 人力成本上涨稳定，可预见性强。泰国工人的薪资大约是国内工人的一半，而且每年涨幅在 2%~3%，非常稳定。

除了泰国，现在更多国内公司出于文化、地域和低劳动成本的考量，已经纷纷在越南设厂。

最后，笔者要强调**供应链管理的竞争在本质上是人才的竞争**。一方面，公司要拿出真金白银打造过硬的采购与供应链管理团队，不要让一个采购总监带领一群只有 3 年以下工作经验的员工到处救火，不要只关注降本而忽视增值。另一方面，采购从业者要一边学习，一边寻找能成为"大采购"的工作环境，不要被高薪迷惑，把自己困在追求最低采购价格的工作环境里，否则就会失去接触战略采购的机会，失去成长的机会。

只有个人和公司都走在正确的道路上（追求持续增值，追求最优总成本，追求合理价格，追求稳定供货），才能打赢供应链管理之战。

## 8.6 没有利益链，谈何供应链

在实际工作中，有很多问题超出了采购所能控制的边界，最终却要由采购来解决。例如，面对客户需求的急涨急跌，前文曾提到，采购应该与供应商签署安全库存协议，为供应商的长供货期零部件兜底，让供应商备 3 到 6 个月的库存，增加供应链的弹性。

但是，有的读者说，他们在做某新能源汽车项目时，刚开始每个月有上万台的订单，客户在不停地催单，供应商在大量订货，突然补贴政策被取消了，客户也立即取消项目。但是，供应商那里积压了大量的零部件，有些供应商还"很不好惹"，此时应该怎么办？

我回答："首先，销售要跟客户签署供应合同，针对需求的急增和急减，应该在时限和数量上加以约束；其次，针对设计变更和项目停止等情况，销售应该让采购统计供应商的库存金额，要求客户承担全部或者部分损失。毕竟，很多公司倒闭就是因为客户需求急涨急跌。"

例如，国内某车企本来一个月能平稳地销售 4 000~5 000 辆车，供应链上的各级供应商都在稳定地赚钱。但是，它在某一年的 12 月和下一年的 1 月、2 月搞大促销，月销量高达 2 万台。

请读者想想，作为汽车零部件供应商，本来每个月稳定地生产 5 000 件，客户突然要求从下月起增至 20 000 件，供应商是多赚钱了还是少赚钱了？

**答案是少赚了很多钱**，因为供应商需要承担以下额外开支：

- 员工加班费；

- 紧急送货费；

- 材料现货费；

- 工装模具费；

- 设备投入费等。

而且，客户还会因为采购量大了而要求供应商降价。

如果月销量能够一直稳定在 20 000 台，供应商的损失尚可弥补。问题是该车企在 2 月之后结束促销，恢复原价。这种做法严重透支了市场需求，导致自 3 月起月销量不足 200 台。

面对需求量的急跌，靠这一家车企吃饭的供应商纷纷裁员、倒闭。因为这个错误，该车企一蹶不振了好久。

回到之前的问题，如果你公司的客户只关心自己的利益，不承担因为自己的错误给供应商造成的损失，你的公司应该停止供应或者涨价，坚决维护自己的利益。如果你的领导只是让采购把损失转嫁给供应商，而供应商却理所当然地不同意，那么你应该坚持要求领导按照供应链管理的合理规则跟客户谈。如果遭到拒绝，那么你要记住，好的工作环境是个人成长的加速器，你要想想接下来的职业生涯应该如何规划。

## 8.7　公司如何赢在供应链

笔者曾有幸向某跨国泵业集团的采购总监王先生取经。王先生运用供应链管理思维，带领工厂的采购部在不过分挤压供应商利润的前提下，取得了产量翻倍、利润激增的惊人业绩，使自家工厂在全球几十家泵业工厂中脱颖而出，获得了集团的采购之星年度大奖。

他是怎么做到的呢？

请读者和笔者一起学习王先生的做法。

该工厂已经存续 20 余年，经过每年 5% 的连续降价，供应商的利润空间所剩无几。早在 2018 年，王先生就已经意识到，采购只关注自己的指标是无法完成业绩的，与其用尽全力在几乎被拧干的毛巾里再挤出几滴水，不如扩大自己的视野，从供应链管理的角度实现降本增效的目标。

请读者思考一下：什么是供应链管理的角度？答案是关注利润、产量、交付和库存周转率。

采购工作与供应链管理的四大指标有关系吗？当然有关系！

**（1）供应商的价格与利润有关，采购节省的每一分钱都是净利润！**

在降本方面，王先生沿袭了 5% 的年降策略，能够配合完成指标的供应商会成为战略供应商，采购会从品类的角度向其集中采购，不能配合的供应商则会被淘汰掉。

在沟通中，王先生表示，在他看来，这不是采购取得业绩的重点，只是为了配合集团的要求,因为采购的主要贡献来自其他几个方面。

(2)**供应商的产能决定了自己工厂的产量**。如果供应商交付不及时,那么自己工厂的产量必然不保!

之前,该工厂为了保证用料,自备 6 个月的零部件安全库存。王先生将其改为自备 3 个月、供应商备 3 个月,并与供应商签署备库协议,约定了一年内的最低采购量。这样一来,自己工厂的库存大大减少,零部件的供应也得到了很好的保障。

(3)**交付的问题比较复杂**。王先生说,之前该工厂采用按订单生产的方式,好处是生产跟随实际订单走,问题是每个月的订单数量都不同,造成了产能浪费。例如,该工厂每个月能够组装 600 台泵,因为市场上的订单只有 400 台,所以有 200 台的产能被浪费了;反之,如果市场上的订单有 800 台,工厂又做不出这么多,只能延迟交付。在王先生看来,按订单生产弊大于利,尤其是工厂在 2019 年产量要翻倍、利润要增长的情况下,这种做法不改不行。于是,王先生提出按照最大产能生产,即一个月 600 台。这样一来,在市场订单少时产能不会被浪费,多生产的泵在订单多的月份就会被消化。交付及时率得到提升,客户更加满意。

为了理解该做法的可行性,笔者向王先生做了条件性的澄清。

- 泵属于传统行业,年度销量相对稳定,不像消费品行业大起大落。

- 按照最大产能稳定连续生产可以最大限度地摊销工厂和供应商的固定成本,实现最大的经济性。计算下来,每台泵的成本降低了 20%。

(你看,采购与其拼尽全力实现年降 5%,不如从供应链管理的角度考虑问题,获得更大的降本业绩)。

- 销售在被获准以更低的价格销售库存泵后,更容易在市场上接单,从而进入良性循环,即成本越低→价格越有竞争力→销量越大→成本更低。

（4）通过上述改善行动，该工厂的库存周转率由 3 提升为 6，采购部及王先生本人获得了集团的嘉奖。

由此可见，在后精益时代，采购若想取得骄人的业绩，必须提高自己的管理能力，必须将供应商的供应链、自身供应链和市场的供应需求有效地协同好，**从供应链管理的角度提升采购业绩。**

在谈话的结尾，王先生特别强调，采购一定要突破固有思维，要活在供应链里，具体来说就是：

- 知识要活学活用；
- 思维要活跃变通；
- 管理要灵活开放。

只有学会站在更高的层面思考问题，采购部门才能真正成为公司的重要部门，否则采购部门就永远只是一个辅助部门。

第 9 章

**采购领导力的提升**

请思考，如果明天你将成为一个采购组织的领导者，你会如何反应？有人说："我高兴啊，因为升职加薪了！"

问题是，**你真的懂得如何领导一个采购组织吗？如果让你当领导，员工服气吗？领导满意吗？**

在现实工作中，笔者常常看到两种极端的采购领导者：一种是极度不信任员工，要求员工事事汇报，对员工的工作稍有不满便大加指责，导致员工离心离德、业绩不佳；另一种是过分信任员工，自己什么都不管，导致部门工作失控，业绩无从谈起。这些问题都是由领导力不足造成的。

在本章，笔者将通过介绍领导力的相关知识、沟通技巧、组织管理和绩效提升方法，帮助读者快速提升领导力，为下一步的升迁做好准备。

首先请阅读小明和三任采购经理的故事。

## 小故事　小明和三任采购经理的故事

在小明从业之初，先后经历过三任采购经理，他们每个人都有完全不同的职业倾向，走在完全不同的职业道路上，获得了完全不同的发展，他们的故事值得每个人思考和回味。

小明大学刚毕业就进入一家世界 500 强外企，稀里糊涂地进入了采购部。

他的第一任采购经理是全公司有名的老好人——耐斯女士。耐斯女士在年轻时就加入了公司，一直从事基础的采购工作，任劳任怨，从来没有跟任何人红过脸。虽然她的工作业绩并不突出，工作能力也不强，但是因为她为公司服务了 20 年，公司将她提拔为采购经理作为奖励。

在耐斯女士的领导下，部门里的所有员工都很快乐，因为耐斯女士不会给员工任何压力。如果员工有失误，耐斯女士会自己扛着，只是轻描淡写地提醒员工以后注意。只要员工家里有点小事，耐斯女士就会让员工赶紧放下工作，把家事处理好。即使员工的工作结果并不令人满意，耐斯女士也会赞扬员工并为员工争取更多的加薪。

小明在耐斯女士的领导下过完了职业生涯的前三年。他非常开心，但也非常恐慌，因为他发现在这三年中，他的工作能力并没有提升。他仿佛是被养在温室里的热带植物，温度、水分、光照、养分都被充分供应，他只需要一动不动地吸收就好。他担心将来一旦离开这个环境，就像被圈养在笼子里的小鸟，再也飞不起来。

后来，耐斯女士一方面是年龄偏大了，另一方面是业绩不突出，被公司调整到采购专家岗位，负责新员工培训和一些新项目，但是工资没有被降低。耐斯女士欣然接受了公司的安排。

问题来了，谁将是耐斯女士的接班人呢？

部门里有一位姓皮的年轻人，他之前在别的公司做过几年采购，来到公司后工作一直很卖力，能力也很突出。有些连耐斯女士都管不好的供应商，皮先生可以管好。鉴于皮先生出色的业绩和能力，公司决定提拔皮先生做耐斯女士的接班人。

皮先生 28 岁就成了世界 500 强企业的采购经理，可谓少年得志。但是皮先生并没有满足，而是在公司内部不断地推行新的降本方法。例如，他要求研发部参与 VE/VA，要求供应商早期介入新产品研发，要求采购员完成7% 的年降等。

在皮先生的手下做事，小明刚开始很不开心。他发现自己再也不能"随心所欲"了。皮先生交代的任务他必须做到最好，否则皮先生就会责怪他没有拼尽全力。每一天他都加班到很晚才能勉强完成领导交办的事情。他想过放弃，但是皮先生身上有一种他说不清楚的魅力，让他想要再坚持一下。

这种魅力就是专业。每当小明觉得没有解决办法时，皮先生就会手把手地指导他应该怎么去跟供应商谈判，怎么推动其他部门，怎么与供应商维持关系，这些都让小明受益匪浅。很快，小明发现自己的工作能力得到了飞速提高，从工作中获得的成就感也越来越大。皮先生对小明的业绩越来越满意，两人相处得越来越融洽了。

就这样又过了三年。皮先生为了推进工作进度，经常冒犯其他部门，如研发部、项目部等，导致他在公司的人缘并不好，也就得不到继续晋升的机会。在积累了足够的采购经理工作经验之后，皮先生不再满足于现状，毅然决然地加入了一家准备上市的高科技民企。

这样一来，谁将成为下一任采购经理又成了公司的焦点。

皮先生在临走之前向公司高层推荐了小明。他认为小明的进步速度很快，工作业绩突出，对公司很忠诚，是采购经理的不二人选。

小明也盼望着得到公司的认可并获得宝贵的职业发展机会。

但是，人算不如天算。公司的中国区总经理是一个德国人，当时即将被调回总部，不知出于何种考虑，他竟然将自己的秘书郑女士提拔为采购经理。

郑女士是公司里出名的"狠人"。她毕业于某大学英语专业，但英语说得并不顺溜。

她有一种超强的能力，那就是领导还没张口，她就能猜到领导想说什么，还能用简单的英语跟领导沟通。

她善于利用自己的休息时间陪领导逛景点、谈心事。因此，很快领导就对她言听计从，成了公司里"垂帘听政"的人物。

郑女士在采购方面没有任何专业知识和工作经验。或许是领导和郑女士都认为采购工作谁都能做，反正公司就这么决定了。

听到这个决定，小明伤心欲绝。他第一次认识到，在职场中，自己的职业生涯完全掌握在别人手里，跟能力、忠诚、责任心、勤奋并没有关系。

郑女士上位后居然没有找过员工开会，而是只顾着跟公司的新任总经理、运营副总、财务副总、人力资源副总等级别比她高的领导搞好关系。

对于与她平级的研发部、质量部、物流部等部门的经理，她会采取强势手段，确保自己说话好使。

对于下属，她要求不管使用什么方法，必须解决问题。如果下属办事不力，她上来便是一顿劈头盖脸的臭骂，甚至威胁员工辞职。

但是，在供应商面前，她又显得很宽容。有一次，供应商的送货单不对，仓库拒绝收货，供应商给她打了电话，她就在公司内部批评仓库不收货影响生产，逼着仓库收了。

但是，郑女士对小明是另眼相看的，因为她知道小明的工作能力强、做事踏实，也能帮她解决问题。她会时不时找小明谈心，甚至为小明争取公司特批的加薪。

看着身边一位位同事摇着头离开公司，小明心里很不是滋味。皮先生走后，他觉得失去了很多，却又说不出来到底是什么。郑女士不曾亏待小明，小明完全不用担心出力得不到回报。

那么，小明到底为什么不开心呢？是人品，是价值观，是无法认同。

郑女士把办公室政治玩得再明白，也无法摆脱瞎指挥、不专业的先天不足。她对上级笑脸相迎，对有利用价值的人一脸和善，对没有利用价值的人则一脸鄙视，这与小明的价值观有巨大的冲突。

不久，小明也换了一家公司。

若干年后，耐斯女士高高兴兴地退休了；皮先生因为工作出色，很快从采购总监晋升为运营副总，在公司上市后拿到了一大笔分红，在 40 岁之前实现了财务自由；郑女士一路高歌猛进，居然坐上了中国区总经理的位置。后来，她凭着外企的光环被一家知名民企高薪聘为总经理，但不到一年就因为亏损严重被炒掉。之后，郑女士辗转做过多家公司的高管，但每次都做不长。

小明无法接受职场中的任人摆布、委曲求全，他下定决心要掌控自己的命运，最终成了一名采购与供应链管理专家。

通过这则故事，笔者想告诉大家，一名优秀的管理者应该兼具三种特质——**亲和、专业、政治**，否则就会像故事中的三位采购经理那样：耐女士"和而不能"，皮先生"能而不奸"，郑女士"奸而不和"。

可见，做好采购组织的领导者需要相当全面的管理能力。我们需要博学广识，不断提升自己的领导力。

# 9.1　采购领导力概述

**领导力是一个人带领一群人不断赶超竞争对手的能力。**它包括 8 种能力，如图 9-1 所示。

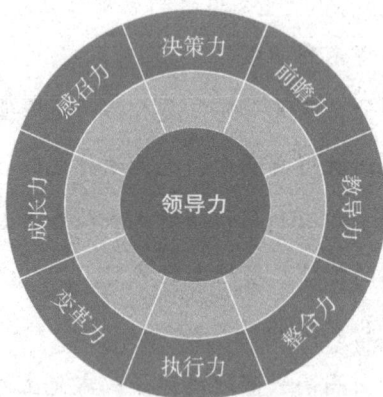

图 9-1　领导力能力模型

（1）**决策力**是指管理者在重大问题上要敢于拍板，做出正确的决策。

（2）**前瞻力**是指管理者要看到团队发展需要的资源和将要面对的问题，提前做好规划和准备。

（3）**教导力**是指管理者要具备培训和指导员工成长的能力。

（4）**整合力**是指管理者要有整合内外部资源、解决复杂问题的能力。

（5）**执行力**是指对于公司的决策，管理者要执行到位。

（6）**变革力**是指管理者应该不断提高思维层次，学会引领变革。

（7）**成长力**是指管理者应该是终生学习的实践者，能够通过学习和实践持续成长。

（8）**感召力**是指管理者能够凝聚团队，引导他人按照既定目标前进。

本章所讲的**采购领导力**，专指一个人通过**对采购组织的人力、组织、流程、战略、绩效和变革的管理与优化**，带领团队一步一步发展为世界一流采购组织的能力。

打造世界一流的采购组织的路径如图 9-2 所示。

**图 9-2　打造世界一流的采购组织的路径**

世界一流的采购组织在**人力资源**方面应该做好培养人、管理人、知人善任和走向国际化的工作；在**组织架构**方面应该完成从品类分工、流程分工、跨部门协同到垂直协作的进化；在**流程制度**方面应该先从合规抓起，然后搭建体系，最后部分和全面地通过系统固化。

在**战略层面**，世界一流的采购组织应该完成品类整合、优质供应商筛选、三维降本和最优供应链协同等工作（战略层面的知识在第 5 章、第 6 章、第 7 章和第 8 章中已经介绍过）。

在**绩效水平**方面，世界一流的采购组织应该从最初的基本完成任务提升为关注品质、快速提升绩效和持续增值。

在**变革环节**，世界一流的采购组织应该引入供应链创新，邀请战略供应商早期介入，帮助公司从低附加值公司转型为具备设计产品能力、提供解决方案的高附加值公司。

## 9.2　人力资源管理

拥有合适的人才是采购组织发展壮大的前提，否则优化组织、流程、战略、绩效和变革都是空谈。

### 1. 评估岗位技能，提升采购工作能力

采购经理应该时刻关注员工技能与岗位要求的差距，尽快通过培训、指导等方式提升员工技能，确保完成绩效指标，帮助员工持续成长。表 9-1 为常见的员工技能差距分析表。

表 9-1　员工技能差距分析表

| | 工作经验 | | 语言 | | | 采购技能 | | | | | 软技能 | | | 领导力 | | |
|---|---|---|---|---|---|---|---|---|---|---|---|---|---|---|---|---|
| | 工作经验 | 合计 | 中文 | 英文 | 合计 | 寻源 | 询价 | 谈判 | 品类管理 | 合计 | 沟通 | 协作 | 合计 | 管理 | 培训 | 合计 |
| 岗位要求 | 1 | 1 | 5 | 3 | 8 | 2 | 3 | 2 | 0 | 7 | 3 | 4 | 7 | 0 | 0 | 0 |

（续表）

| | 工作经验 | | 语言 | | | 采购技能 | | | | | 软技能 | | | 领导力 | | |
|---|---|---|---|---|---|---|---|---|---|---|---|---|---|---|---|---|
| | 工作经验 | 合计 | 中文 | 英文 | 合计 | 寻源 | 询价 | 谈判 | 品类管理 | 合计 | 沟通 | 协作 | 合计 | 管理 | 培训 | 合计 |
| 采购员甲 | 1 | 1 | 4 | 4 | 8 | 2 | 2 | 2 | 0 | 6 | 4 | 5 | 9 | 0 | 0 | 0 |
| 采购员乙 | 4 | 4 | 3 | 1 | 4 | 3 | 3 | 3 | 1 | 10 | 2 | 2 | 4 | 0 | 0 | 0 |
| | | | | | | | | | | | | | | | | |
| 岗位要求 | 3 | 3 | 5 | 4 | 9 | 4 | 4 | 4 | 3 | 15 | 4 | 5 | 9 | 3 | 3 | 6 |
| 采购主管丙 | 2 | 2 | 5 | 5 | 10 | 5 | 4 | 4 | 3 | 16 | 5 | 5 | 10 | 3 | 3 | 6 |
| 采购主管丁 | 4 | 4 | 5 | 4 | 9 | 4 | 3 | 3 | 3 | 13 | 4 | 4 | 8 | 3 | 2 | 5 |

说明：

（1）分数为0~5，0分为最低，5分为最高。

（2）跟岗位要求相差1分为黄色项（图中以浅色表示），相差2分及以上为红色项（图中以深色表示）。

（3）黄色项意味着采购经理要监督员工自我提升，红色项意味着采购经理要和人力资源经理研究提升方案，如报名外训。

（4）员工经过培训仍然无法达到岗位要求，公司可以酌情转岗、降级或辞退该员工（依法支付赔偿金）。

表9-1 传递的信息如下。

（1）采购员甲是个工作时间不长的年轻人。他的语言能力比较好，虽然采购技能略有欠缺，但是喜欢与人沟通和协作，是值得培养的好苗子。采购经理可以指定一位好师傅帮助采购员甲弥补采购技能的不足。

（2）采购员乙工作时间比较长。由于英语很差，即便采购技能较强，他也始终得不到升迁机会，而且他与别人的沟通和协作也都很差劲。对于这种员工，采购经理可以强制他在1~2年内苦学英语，同时通过辅导的方式帮助他理解与人沟通和协作的必要性。如果1~2年内不见改善，采购经理只能淘汰该员工，引入新生力量。

（3）采购主管丙是一位升迁很快的主管，虽然工作经验不是很多，但是语言能力很强，采购技能不错，特别善于沟通和协作，能够胜任一线管理工作。在进一步积累工作经验之后，采购经理可以把他作为接班人培养。

（4）采购主管丁是一位"老"主管，语言能力不错，但是采购技能跟岗位要求比稍微弱了点，跨部门的协作能力也稍微差了点，培训下属的能力也不够强。采购经理需要提醒他在工作中注意自己的短板，尽快完成提升。

值得特别说明的是，在管理岗位，如采购主管，一般不应出现红色项，除非前任经理真的提拔错了人或者新任经理想要换人。这是因为，这些人往往是因为业绩突出，得到了员工认可才获得升迁的。

相反，如果员工看到经理给自己打红色项，就要判断这是不是"叫我走人"的潜台词。

**采购经理给每一位员工打每一个分数时必须慎之又慎，如果出现黄色项或者红色项，必须向员工做合理的解释，让员工从心理上接受，以免员工产生猜疑。**

### 2. 通过 DISC 性格分析做到双赢沟通

DISC 这个理论是一种"人类行为语言"，其基础是美国心理学家威廉·莫尔顿·马斯顿（William Moulton Marston）博士在 1928 年出版的著作《常人的情绪》（*Emotions of Normal People*）。

它将不同的人按照 4 种不同的性格分为支配型（Dominance）、影响型（Influence）、稳健型（Steadiness）和思考型（Compliance），从而帮助管理者了解如何与不同性格的人打交道。

按照内向还是外向、重人还是重事的原则，DISC 把 4 种不同的性格分配在 4 个不同的象限中，如图 9-3 所示。

在一个采购组织里，管理者可以把比较重要、有一定难度的工作交给支配型员工来做，同时为取得优秀业绩的支配型员工搭建快速上升的职业发展通道，否则支配型员工容易因得不到相应的回报而离职。

外向（直接，步调快，独断）

| | |
|---|---|
| **Dominance**<br>支配型 | **Influence**<br>影响型 |
| The Director<br>老板型/指挥者 | The Interact<br>互动型/社交者 |

重事 ← → 重人

| | |
|---|---|
| The Corrector<br>修正型/服从者 | The Supporter<br>支持型/支持者 |
| **Compliance**<br>思考型 | **Steadiness**<br>稳健型 |

内向（间接，步调慢，保守）

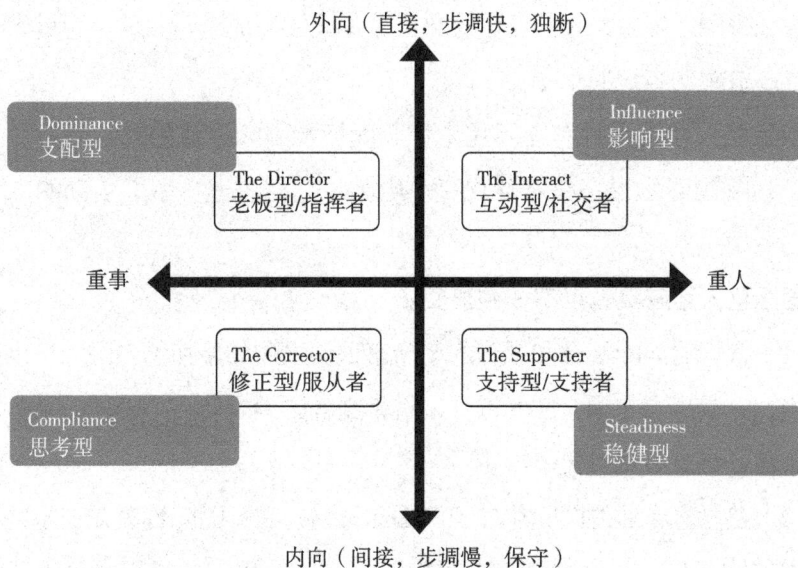

**图 9-3　DISC 性格分析示意图**

管理者要把需要跨部门沟通、需要紧急处理的业务交给影响型员工来做，因为影响型员工善于跟不熟悉的人快速建立合作关系。在事情紧急时，影响型员工会更快地分泌肾上腺素，使自己处于亢奋状态，有可能完成在别人看来不可能完成的任务。

管理者要把比较烦琐的日常工作交给稳健型员工来做，并时时关心其感受。稳健型员工一般不会提出不合理的要求，也不会轻易辞职，可以发挥稳定军心的作用。

管理者要把数据处理工作（如 ERP 系统实施、采购战略分析等）交给思考型员工来做，让合适的人做合适的事情。

### 3. 拥有全球采购能力的国际化人才

随着经济全球化进程的加速，越来越多的国内企业走向世界。

为了获取东南亚地区的廉价劳动力、某些地区的矿产资源和发达国家的先进设备，以便为企业降本增效，全球采购已经成为趋势。

一个采购组织如果不具备国际化人才便无法完成全球采购，也就无法达到世界一流采购组织的水平。

**国际化人才**是指具有国际化意识和胸怀及国际一流的知识结构，视野和能力达到国际水准，在全球化竞争中善于把握机遇、争取主动的高层次人才。

**国际化人才应具备以下 6 种素质。**

（1）宽广的国际视野和强烈的创新意识。采购如果在参与国际化事务的过程中，只看到国与国之间的差异，看不到各国供应商在处理同一事务时的创新做法，就会浪费机会。

（2）熟悉本专业的国际化知识。国际贸易知识、国际物流知识是采购必须掌握的国际化知识。采购最起码应该会一门外语，才有机会成为国际化人才。

（3）熟悉国际惯例。国际惯例是指在国际交往中逐渐形成的不成文的原则和规则。例如，跟德国人谈生意时，采购必须穿西装打领带，遵守会议时间，在会议中做出任何口头承诺都不得反悔。

（4）较强的跨文化沟通能力。例如，印度人说的好天是指雨天，因为印度常常整日暴晒。再如，开会时，如果采购跷二郎腿、露出鞋底，阿拉伯人就会认为自己受到了羞辱，会立即离开。

（5）独立的国际活动能力。采购不仅要能跟国际团队交流，还要能主持会议，领导跨国项目。

（6）较强的运用和处理信息的能力。针对不同国家和地区的不同信息，采购要能做好汇总和分析，找出更多寻源和降本的机会。

采购管理者要先具备国际化人才的素质，才能打造出世界一流的采购组织。

**延伸阅读** 采购经理如何申请增加人头

采购部往往被公司领导视为辅助部门。对拥有雄才大略的采购管理者来说，最难的事情莫过于说服公司领导同意增加部门人员，没有足够的人员就无法实现自己的规划。

申请人头的恰当时机是在每年做年度计划和部门预算的时候，采购经理要将两者捆绑在一起申请。

例如，公司需要采购部在 2020 年完成 10% 的降本任务。为了实现这个目标，采购经理需要启动 5 个大型降本项目，分别是 VE/VA、集中采购、包装循环利用、成本分析和战略品类管理。作为有经验的管理者，采购经理知道，为了完成这 5 个项目，采购部需要增加 1 名项目采购和 1 名战略采购。

但是，你如何才能让公司领导理解部门的真实情况和你的思路呢？尤其是在公司难以盈利的情况下。

有人会说，我会申请 4 个名额，然后跟公司领导谈，最后批下来 1 到 2 个名额。

这么说的人可能没做过管理。好的管理者是非常踏实的，能够把资源用到极致，说话板上钉钉。虚报名额除了给公司领导留下"这个人不靠谱"的印象之外，没有任何用处。

正确的做法是，做好现有人员的工作量统计，再结合明年新增项目，预估增加的工作量，证明的确需要 2 个名额。

详解如下。

（1）步骤一：由各采购员统计现在的工时，一般会有下列两种情况。

① 员工的工作量刚好饱和，如表 9-2 所示。

表 9-2 工时统计表（1）

| 员工 | 分工 | 日平均工时（小时） |
| --- | --- | --- |
| 甲 | 供应商开发 | 0.5 |
| | 询价与谈判 | 2 |

（续表）

| 员工 | 分工 | 日平均工时（小时） |
|---|---|---|
| 甲 | 项目采购 | 2 |
| | 紧急采购 | 1 |
| | 追货 | 1 |
| 合计 | | 6.5 |

有人会问，为什么日平均工时合计 6.5 个小时就饱和了，而不是 8 个小时？

这是因为，大量实践证明，没有人可以在 8 个小时内工作满 8 个小时，因为员工需要聊天、上厕所、接电话、发微信等。平均工时达到 6.5 个小时，工作效率已经很高了。

但是，有的领导会坚持认为只有工时达到 8 个小时才是高效率，此时你可以让员工把其余时间分摊到工时统计中。

②员工超负荷工作，经常加班，如表 9-3 所示。

表 9-3　工时统计表（2）

| 员工 | 分工 | 日平均工时（小时） |
|---|---|---|
| 乙 | 供应商开发 | 2.5 |
| | 询价与谈判 | 2 |
| | 项目采购 | 2 |
| | 紧急采购 | 1 |
| | 追货 | 1 |
| 合计 | | 8.5 |

作为部门经理，你要查询其加班记录是否与统计情况相符。

（2）步骤二：基于每个人的工作量统计，完成部门工作量汇总，如表 9-4 所示。

表 9-4 工时统计表（3）

| 员工 | 工时统计（小时） | 负荷情况 |
|---|---|---|
| 甲 | 6.5 | 100% |
| 乙 | 8.5 | 131% |
| 丙 | 7 | 108% |
| 丁 | 6.6 | 102% |
| 合计 | 6.8 | 105% |
| 合计 | | 109% |

表 9-4 显示部门当前的工作量已经略超负荷。再增加工作量的话，就要增加人员。

（3）步骤三：将新增工作量分解成工时，并体现新增人员的工作，如表 9-5 所示。

表 9-5 工时统计表（4）

| 2020 年新增工作量 | 日平均增加工时（小时） | 新增人员 |
|---|---|---|
| VE/VA | 2.5 | 项目采购（1名） |
| 集中采购 | 2 | |
| 包装循环利用 | 2 | |
| 成本分析 | 0.5 | 战略采购（1名） |
| 战略品类管理 | 6 | |
| 合计 | | 2 名 |

通过合理的统计和数字化的呈现，采购经理能够客观地说明所需的资源及其用途，前提是每一个数据都经得起推敲。

# 9.3 组织架构优化

采购部的组织架构需要随着公司业务的发展而演变。

在一家公司刚刚成立时,采购部的主要任务是维持供应,这时需要按品类分工搭建组织架构。

在公司部门之间的流程初步完善后,采购部的主要任务从维持供应转变为控制价格,这时需要按流程分工搭建组织架构。

在公司发展壮大到一定程度后,采购部的主要任务从控制价格转变为追求最优总成本,这时需要搭建跨部门协同的组织架构。

在公司发展到成熟期后,采购部的主要任务是持续增值以保持公司的竞争力,这时需要与外部战略供应商进行更多的垂直协作。

随着公司的发展,采购部需要通过不断优化组织架构完成以上 4 个阶段的进化。

### 1. 按品类分工

在一家公司刚成立时,公司没有制度和流程,也没有信息系统等管理工具。在这个时候,采购部要尽快抓起业务,跟各部门(如研发部、财务部、生产部)快速衔接,尽快开发能够满足使用部门需求的供应商,保障供应。按品类分工的采购组织架构如图 9-4 所示。

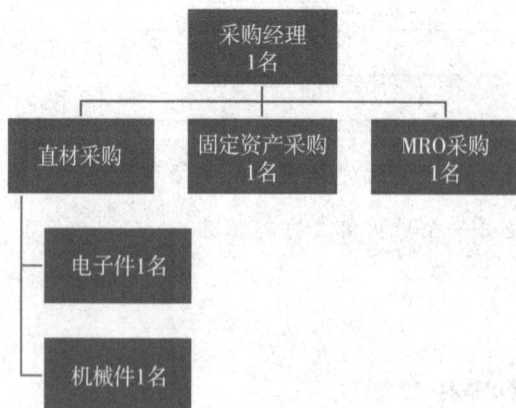

图 9-4 按品类分工的采购组织架构

采购经理需要按照支出和品类划分来决定招聘几名采购员,不同的采购员分管什么品类。

按品类分工的好处在于，新的采购员到岗后可以快速上手所管理的品类，因为他负责一个品类从寻源到询价再到交付的整个过程，能够快速对接需求部门，而且采购员自己管理供应商可以有力地保障供应。

这种组织架构的缺点在于，管理者过度依赖采购员来解决问题，管理容易失控。采购员的权限过大且信息不够透明，日久容易滋生贪腐问题。

时间久了，采购经理会发现降本不可持续，采购部门如一潭死水，无法持续增值。在这个时候，采购经理要做组织架构优化。

### 2. 按流程分工

为了杜绝按品类分工带来的管理问题和贪腐隐患，采购经理需要在品类管理的基础上，将直材的采购流程细化，由专人负责关键流程，如图 9-5 所示。

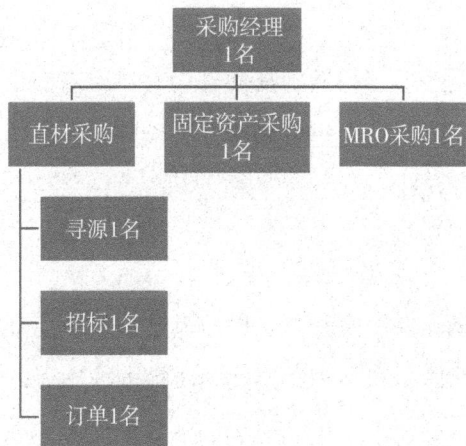

图 9-5　按流程分工的组织架构

采购经理将直材的采购流程分为寻源、招标和订单，并分别安排专人负责，互不干涉。实施该组织架构的前提是公司有 OA 或 ERP 系统支持流程之间的数据流动。

对于固定资产和 MRO 采购，因其工作特点是与使用部门深度协作，故仍由采购员负责端到端的采购管理工作。

将直材采购按流程分工的好处在于：

- 合规化管理；

- 采购过程清晰透明；

- 员工可以发展为流程专家；

- 管理者可以在各流程之间设置审批环节，掌控工作；

- 确保拿到最低价。

这种组织架构的缺点在于：

- 以最低价中标为导向，没有关注总成本；

- 缺乏长期规划，没有采购战略；

- 没有跨部门决定供应商。

时间久了，采购经理容易遭到其他部门对供应商交货、品质等问题的投诉，而且价格水平下降到一定程度后难以继续降低。在这个时候，采购经理需要继续做组织架构优化。

### 3. 跨部门协同

跨部门协同是指在供应商开发、供应商选择、供应商绩效评估和价值工程等流程中，由采购邀请利益相关方共同决策或推动降本的合作行为。

跨部门协同的好处在于，采购部的职能从部门内部的优化整合扩展为公司内部的优化整合，具体体现为：

- 以各部门利益为核心的价值导向；

- 实现跨部门协同降本；

- 实现对总成本的优化。

这种组织架构的缺点在于缺乏与战略供应商的深度合作。

时间久了，采购经理会发现很多与供应商的协同事宜不受重视，对价值的贡献力度不够。在这个时候，采购经理要继续推动组织架构优化。

### 4. 垂直协同

垂直协同是指在公司与战略供应商之间引入协同的理念，例如：

- 公司的专家团队可以到供应商现场指导精益生产；
- 要求供应商在自己工厂周边建厂，以符合 JIT 的管理要求，帮助工厂降低库存，减少管理成本；
- 邀请供应商早期介入新产品设计，双方共享降本成果等。

垂直协同的好处在于：

- 与供应商密切协作；
- 鼓励供应商参与产品研发；
- 整合双方优质资源，取长补短。

但是，实施的难点在于：

- 采购组织和人才储备要达到较高的成熟度；
- 甲方要有足够大的采购量来吸引战略供应商。

请读者对标自己公司的采购组织架构，判断哪种组织方式符合当下的需求并思考组织未来的发展方向。

下面这个小故事可以帮助读者理解采购组织的 4 个发展阶段的要义。

### 小故事　采购"大牛"养成记

"沿着江山起起伏伏温柔的曲线……"

卡尔新能源电池公司的采购经理康文今天心情大好，在办公室里轻松地哼着歌，体验着主宰命运的感觉。

原来，经过激烈的竞争，康文拿到了行业独角兽——天波公司的录取通知书。虽然职位仍是采购经理，但是薪资翻了一番。

天波公司是新成立的新能源电池公司，拥有过硬的电池技术和雄厚的资金实力。为了打造一流的团队，天波公司用高薪到处挖人。

而年纪轻轻、干劲十足的康文被天波的人力资源总监朱迪视为"能干又听话的小朋友"，她向总经理力荐康文。

朱迪今年51岁，单身。早年的婚姻不幸令她看透了人情冷暖。朱迪坚信，只有赚到足够的钱，才能令她安度晚年。

"康文，来一下我的办公室。"朱迪的语气永远是居高临下的，她想给刚入职的康文提个醒，让他知道谁是"一姐"。

"感谢朱迪姐的提携！"康文对朱迪毕恭毕敬。

"都是自己人，客气什么。屋里没有别人，姐说说心里话。你听说过'水至清则无鱼'吗？"话到这里，朱迪瞪大了眼睛望着康文，试探他是否"上道"。

康文心中一颤："这是什么意思？是让我同流合污吗？"康文一时不知道如何接话。

康文慌乱地答道："大家按照分工和流程来工作就会好。""哼！你走吧。"朱迪显然很不满意这个回答。

望着康文远去的背影，朱迪冷冷地说："吃独食！"

习惯了外企工作氛围的康文，一踏入天波就感到强烈的不适应——没有团队、没有流程、没有审批制度。

**如何有效搭建采购组织来适应公司的初创期？**这是摆在康文面前的重要课题。

康文首先跟财务沟通，了解他们对品类的划分。康文得知，财务把外购品划分为直材、固定资产（单价在 2 000 元以上）、备品备件、工器具、劳保用品和易耗品。之后，康文又跟研发部经理对接，了解到研发内部分为电子和机械两个大组。于是，康文绘制了按品类分工的采购部组织架构图，如图 9-6 所示。

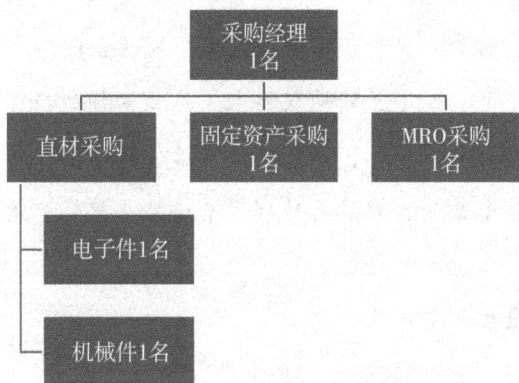

图 9-6　按品类分工的采购部组织架构

一名电子件采购员和一名机械件采购员组成了直材采购小组，直接对接研发部。由于公司要兴建厂房并购买流水线，康文招聘了一名固定资产采购员跟进此事。至于非生产物料采购，虽然工作量很大，但康文坚持只招聘一名采购员负责此事，以此控制人力成本。

就这样，一个**按照品类划分**，每个采购员负责所辖品类的整个采购流程，保证以最快速度对接研发和财务的采购组织搭建完成。

部门运行之初，由于对研发和财务提供了很好的服务，**保证了公司的物资供应**，康文获得了好评。

但是一段时间过后，按照品类分工的弊端出现。例如，永远是固定的 3 家供应商参与比价，采购员自己决定价格和供应商，管理层无法监督一线工作，某些采购员贪腐的传闻越来越多。

康文在没有证据的情况下，宁愿相信采购员们都是清白的，直到出现了震惊全公司的"**假货事件**"。

问题发生在一家大客户那里。电池使用了一段时间后,客户发现大部分电池漏液,要求全部返厂并主张巨额赔偿。

工程师检查后发现,电池的外壳所用的材料不是研发指定的进口钢材。公司第一时间要求采购员小王停止钢材供应商的供货资格并将客户的赔偿要求转嫁给供应商。但是,小王以指定钢材信息没有被传达到供应商为由,拒不执行公司决议。后来,康文出面解除了供应商的合同。

供应商立即申冤,说小王暗地里要求供应商偷换材料,把差价作为回扣给小王,自己并没有从中谋利,并且提供了银行转账记录作为有效证据。

此事震惊了整个公司,自然也传到了朱迪耳朵里。朱迪三番五次地向总经理吹风,诬陷康文也有一份。

总经理越看康文越不顺眼。

"我要开除你!"总经理终于按捺不住,向康文吼道。

"出了贪腐事件,作为部门经理我有责任。但是,我在第一时间与供应商解除了合同,并且在得知小王索贿之后,立即向您做了汇报并开除小王,我的应急处置是得当的。采购部是为公司贡献利润的重要部门,您不应该因为一次事故就开除部门经理。而且,我已经想到了通过流程分工、优化组织架构杜绝腐败的方法。"身正不怕影子斜,康文的回答铿锵有力。

"我可以不开除你,但是你要保证采购部不会再次出现贪腐事件,否则你立刻走人!"

总经理虽然疑心很重,但是苦于没有证据,不能真的处罚康文。

于是,康文按照自己的构想重新调整采购部的组织架构,将直材采购在按照品类分工的基础上,发展为**按照流程分工**,如图9-7所示。

一名采购员负责寻源,一名采购员负责招标、谈判和签合同,一名采购员负责下订单、跟进交付和付款。

通过**分散决策权**,康文规避了采购员权力过大的问题,从而有效地控制了贪腐问题。

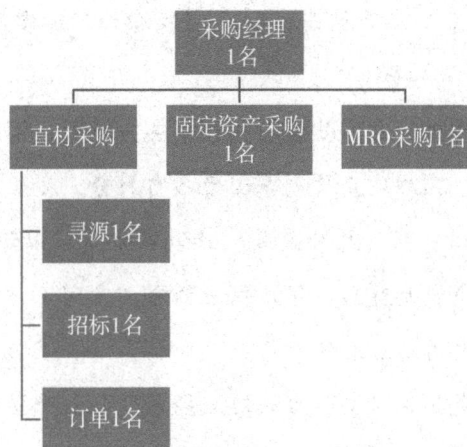

图 9-7　按流程分工的采购部组织架构

按照流程分工带来的意外收获是**价格降低**。由于供应商没有跟采购员串通的可能，每次招标价格都杀得很低。公司得到了实惠，总经理对康文的态度也有所改观。

这让一心想抓康文小辫子的朱迪火冒三丈。恰在此时，质量部经理老麦找到朱迪诉苦："姐，别看康文把价格压得很低，但是很多优质供应商得不到订单，纷纷退出。现在外购件的品质越来越差，客户对产品质量的投诉呈直线上升。"

朱迪喜出望外，立即把这个"好消息"添油加醋地报告给总经理。"把康文给我叫过来！"总经理再一次发出怒吼。

"你必须在 3 个月内给我解决质量问题，否则自己辞职！"总经理是个不讲情面、只看结果的职业经理人，讲话毫不客气。

康文感到身上背着沉重的担子。谁叫自己选择干采购呢？作为供应商的主管部门，**其他部门解决不了的问题，总经理都会逼着采购解决。**

"为什么老麦会找朱迪诉苦，而不是直接来找自己呢？"康文认为这是一个很严重的问题。

康文猛然领悟到，之前自己只关注价格，忽略了诸如质量、交货期、服务等因素，表面上价格降低了，但是问题增加了，实际上总成本并没有降低。

**要想控制好总成本，采购就要与利益相关方协同，组成外购件评审委员会。**大家按照价格、品质、交货期等因素各自打分，按照重要性分配各因素的权重，最后哪家供应商的总分最高，让哪家供货，以便获得最优总成本。实施外购件评审委员会制度后，优质供应商重新拿到了订单，质量部的痛点得到解决，总经理也对结果感到满意。

另外，康文邀请具备研发能力的**供应商早期介入产品设计**，在产品研发初期便控制制造成本。

康文还引进 VE/VA 的理念，跟研发协同，减少不必要的零件数量，增加通用件的使用，进一步降低了成本。

正当康文春风得意之时，新能源电池行业传来了坏消息。由于骗补事件频繁发生，补贴政策被取消，风口过去了。天波公司的股东见势不妙，停止了资金投入。天波公司由财大气粗的独角兽一夜之间变成了自负盈亏的"三不管"，裁员在即。

看到康文的薪资远高于市场平均水平，朱迪动起了歪脑筋，隔几天便向总经理汇报"降本"措施，多次提到采购部的组织搭建已经完成，公司不再需要康文这种"贵人"，可以提拔资深的采购员小李当经理，以便节省人力资源成本。

总经理迫于成本压力，不得不做出最坏的决定。

"康文，你知道公司现在有多艰难。你的薪资是市场价格的两倍，如果你能接受降薪，我愿意留下你。"总经理的目光刻意躲避着康文。

踌躇满志的康文对这突如其来的打击毫无准备。他最后说："容我考虑一周。"

一周后，总经理再次找来康文。"康文，你是怎么想的？"总经理问。

"我拒绝降薪，公司给我赔偿，我离开。"康文说。

当晚，被新提拔为采购经理的小李赶到五星级酒店的包间，朱迪正在包间的主位上品茶。

"姐！没有你的提拔就没有小李的今天。小小意思，以后你怎么说，我就怎么干！"小李从包里拿出一沓厚厚的红票子递到朱迪面前。朱迪的脸变得红润起来，如同胜利者在检阅战利品。"铃……铃……"朱迪的手机响了，是总经理的来电。

"立即来我的办公室！"电话那头传来总经理焦急的声音。

"你知道康文去哪儿了吗？"朱迪一进办公室，总经理就劈头盖脸地问。

朱迪沉默。

"你听说卡尔新能源电池公司成立供应链管理公司了吗？"总经理接着质问朱迪。

"关我什么事？"朱迪心想。

"好！你不知道是吧？那我告诉你，康文现在摇身一变成了供应链管理公司的总经理。由于你没有跟康文签署竞业禁止协议，康文要求核心供应商把我们公司拿到的超低折扣价都给卡尔公司。今晚很多供应商给我打电话，对价格泄露很生气，要求立即涨价！"

"当时招人着急，我就忘签了！"朱迪辩解道。

"你还嘴硬，就因为你的馊主意捅出这么大的篓子。这个锅由你来背！

你的职位由人力资源总监降为总监助理，我会立即招聘新的总监！"

"再给我一次机会吧！"朱迪央求道。

再看康文这边，上任之初立即对标天波公司的原材料采购完成快速降本，并快速搭建了按照流程划分和跨部门协同的采购组织。

之后，康文提出了 8 小时供应圈的概念，要求供应商就近建厂或者租用仓库，大大降低了库存金额。

同时，康文**坚持扶持优质供应商**，帮助他们提升管理，内部挖潜，持续降本。

通过**品类分工、流程分工、跨部门协同、垂直协同**，康文搭建了高效能的采购组织，陆续解决了贪腐、降本、总成本优化、跨部门协同、供应链优化、持续增值等问题，**完成了从供应管理、价格管理、成本管理到价值管理的四步进化**，成了名副其实的采购"大牛"！

# 9.4 采购流程搭建

如果你在一家小公司做采购，其实你并不需要流程，因为死板的流程会扼杀小公司的灵活性。但是，当公司发展得越来越大时，流程就变得十分重要了，因为采购管理者需要通过流程控制实现业务合规和效率提升的目的。

作为采购管理者，首先要学习如何搭建合规的采购流程。

### 1. 如何搭建合规的采购流程

常规的采购流程包含**预算、请购、询价、比价、订单或合同、验收、入库、发票和付款**等 9 个步骤。

最基本的合规控制原则是"四分开原则"，即申请采购、下发订单、验收入库和付款由 4 个不同的人来执行，避免个人权力过大、弄虚作假。

下面按照从预算到付款的次序，介绍 9 个步骤的合规管理。

（1）预算。**预算是财务部门制作资金计划的依据。**

采购的使命是把采购价格控制在预算范围以内。公司的采购预算的来源有下列 3 种。

- 采购申报。其优点是快速准确，其缺点是采购降本的动力不足。
- 使用部门申报。其优点是不让采购既做预算又控制价格，其缺点是预算天上一脚、地上一脚，非常不准确。
- 将上一年的采购价格削减作为本年的采购预算依据。其优点是能给采购压力，可以快速降本；其缺点是公司缺乏增值理念，过度依赖低成本竞争，可能导致采购人员大量流失。

（2）请购。**请购是采购对使用部门输入的控制点。**

请购可以分为计划内预算内请购、计划内预算外请购和计划外请购。从内控的角度来看，既在计划内又在预算内的请购是最符合管理要求的，这时要考虑简化审批流程。对于在计划内但是超预算的请购，使用部门和采购部门要一起分析超预算的原因，形成报告并提交上级领导审批，通知财务修改预算。对于计划之外的请购，使用部门要向主管领导解释原因，重新申请预算，经过审批后执行。

（3）询价。**询价环节是违规的重灾区。**

一家公司如果没有非常完善的询价工具和监控机制，就会发生 3 种典型的违规：

- 采购一人控制整个询价环节，将目标价格泄露给某家供应商，失去公平性；
- 公司内部人员在询价期间打听各供应商报价情况，之后给某家供应商通风报信；
- 供应商相互串标，哄抬价格。

最好的控制办法是把询价的主导权全部交给采购，并要求公司其他人员不得参与招标。这样做一方面可以给采购充分的信任；另一方面如果出了问题，责任都是采购的，便于追究。

（4）比价。**比价是内控的重点。**

在完成询价后，采购要填写比价表，体现中标价格低于预算的比例。审批者要知道比价表的两个要点。

- 中标价格低于或高于预算的比例和原因。一般在 10% 以内还算合理,如果过低或过高,就要考虑预算是否有误或采购价格是否不合理。

- 订单金额越大,参与比价的供应商数量应越多。例如,公司可以规定 5 万元以上的订单要有至少 3 家供应商比价;1 万元到 5 万元的订单至少要有 2 家供应商比价。

(5)订单或合同。**订单或合同是采购活动的法律控制点。**

对于签署长期供货协议的供应商,采购只需要下订单;对于没有签过合同的采购任务,采购首先要跟供应商拟定合同,签字盖章生效后再执行合同。

这会涉及下列 3 个控制点。

① 合同和订单的模板。在有法务的公司,采购要让律师提供所有合同和订单的模板。在没有法务的公司,采购只能用其他公司的合同文本作为模板。

② 分级审批。订单金额越大,供应商违约后公司承担的风险和损失也就越大,这就需要对不同级别的员工按照不同金额设置审批权,达到兼顾风险与效率的目的。

③ 有的公司会要求财务总监和运营总监参与审批金额较大的订单。

(6)验收。**验收是供应商完成订单的依据。**

对于直材,验收是指来料检验;对于设备,验收是指功能和节拍检测;对于土建,验收是指外观和耐久性检查;对于服务,验收是指对服务过程和结果的确认。

**验收的控制点主要有两个。**

① 专职负责验收或者多部门联合验收。对于直材,质量工程师是专职负责来料检验的,一般不会有合规问题;对于间材,来料往往没有专人检查,导致使用部门获得评价权,容易指定供应商。这就需要采购深入使用现

场验证其反馈是否属实，以此控制合规性；对于设备，采购可以要求工艺部和生产部联合验收，双方都签字才能生效；对于土建，采购可以要求土建工程师、生产部和物流部一起验收签字，确保合规；对于服务，采购可以要求使用部门验收签字，自己也要关注服务的过程和结果，以此控制合规性。

② 验收时间要跟合同规定相符。有些使用部门并不知道供应商对验收时间的要求（例如，到货后 1 个月内甲方需完成验收，否则默认为验收合格），因此到货后采购要提醒使用部门尽快验收，如遇问题尽快反馈，否则一旦时间错过，公司就可能遭受损失。

（7）入库。**入库是采购与仓库的工作交接点。**

直材和大多数间材都需要入库，这个环节不需要采购亲自到场。

很多公司的做法是安排一名库管员同时完成系统和实物的入库操作，这造成了很大的违规风险，俗称"走空"。"走空"在很多公司都发生过。例如，由于消耗品没有验收环节，供应商可以送来一批手套后又将其取走。库管员在系统中录入数据，第二天使用部门的领料员在系统中做手套领取的操作，财务没有办法验证。

针对这种问题，合规管理办法如下。

- 实物入库和系统入库的操作分别由入库员和仓库主管负责。仓库必须每天做来料盘点，确保账物相符。

- 废物留存，财务检查。例如，领料部门做领取 300 双手套的操作，之后说用完废弃了。财务可以要求领料部门必须保留废弃的 300 双手套，经过财务检查后才能凭旧手套领取新手套。

一进一出，两头控制，就能杜绝"走空"。

（8）发票。**采购要确保发票准确无误。**

在一些流程管理能力和数字化系统功能强大的公司，供应商的发票直接送到财务，而不是由采购收到发票后请款。这样做可以避免采购既控制价格又控制付款，因权力过大而产生违规问题。但是，一般的公司财务没有能力跟供应商对账，这就需要采购来收发票做请款。既然由采购来做，就需要注意下列 3 个控制点。

① 发票内容要准确。如果等到付款日才发现发票有问题，供应商只能将发票作废再重新开具，这会耽误账期。

② 发票提交要及时。有的采购忙起来就会忘记请款，导致发票过了 6 个月的有效期，供应商必然投诉。

③ 避免个别采购权力过大。按时付款率作为衡量采购业绩的重要指标，一定要落实到位，这关系到公司的信誉。

（9）付款。**付款是一个采购业务的终点。**

付款的操作与审批由财务和总经理负责，但采购要参与下列 3 件事情。

- 采购需要知道是否会按时付款，以避免供应商因为付款出问题而涨价或停止供应。当公司的现金流不足时，采购需要协助财务与供应商协商延迟付款。

- 在年底或年初，采购需要支持财务与供应商的对账工作。

- 在价格变化和税率变化时，采购需要通知财务何时开始执行新价格及从哪个订单开始执行。

最后，跟搭建合规的采购流程相关的知识还包括各种单据的模板设计、订单与合同的保管等。这部分知识比较烦琐，读者可以在网上寻找相关资料学习。

如何管控采购贪腐，扫描右侧二维码即可查看。

### 2. 如何使用物料总表快速制作各类报告

在很多公司的采购部里，表面上大家都在尽职尽责地做事，但实际上基本处于失控状态。其原因是部门经理对整体业务没有掌控和分析能力，员工各忙各的，看不见全局。制作每一份报告都需要花费大量时间沟通，内容的准确性得不到保证，造成这种局面的原因是采购部没有物料总表。

什么是物料总表？

它是一张手工维护的，囊括了每个外购件的所有信息的大表。通过这张大表，采购可以立即抓取数据，快速准确地制作报告。

物料总表中的字段包括：

- 序号；
- 物料名称；
- 物料号码；
- 描述信息；
- 上一年价格；
- 上一年价格有效期；
- 上一年采购量；
- 当前价格；
- 当前价格有效期；
- 今年有效期内累计采购量；
- 今年有效期内预计采购量；
- 今年降本目标；
- 供应商名称；
- 包装方式（一次性还是循环）；
- 包装体积（长、宽、高）；
- 包装毛重；
- 包装净重；
- 贸易条款；
- 国产件还是进口件；

- 供应商的性质（生产还是贸易）；

- 关税比率（如果是进口件）；

- 运费比率；

- 产地；

- 使用在哪个产品上；

- 最小起订量；

- 交货期；

- 所在公司的安全库存量；

- 供应商的安全库存量；

- 包装内的数量；

- 供应商 ISO 报告到期时间；

- 供货合同到期时间；

- 物料建立时间；

- 供方资质到期时间；

- 申购部门等。

任何需要的信息都可以加入表中。通过以上数据，采购经理可以随时随地制作以下报告。

- 年度降本报告：当前完成情况和对未来的预测。

- 供应商关系报告：在哪家供应商采购了多少金额。

- 品类分析报告：各品类采购额占比。

- 本土化率：进口件采购额和国产件采购额占比。

- SKU 控制表：分析可以合并的物料。

- 合同到期前的续约提醒等。

要想保证物料总表维护到位，采购经理就要指派专人（如采购助理）每天监督采购员及时录入和更新信息。采购经理在审批物料的新价格和审批合同时要检查采购员是否及时更新物料总表。

只有在管理者的不断督促下，采购员才能逐渐养成及时维护物料总表的习惯，物料总表才会越用越准、越用越顺，成为采购经理掌控大局的利器！

## 9.5 绩效指标提升

说起绩效指标的提升，采购先要知道常见的 7 个绩效指标分别是什么。

常见的 7 个绩效指标如图 9-8 所示。

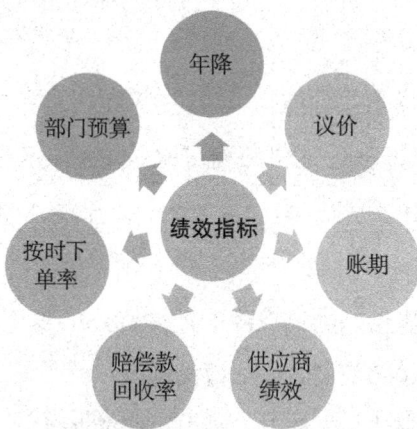

图 9-8　常见的 7 个绩效指标

（1）**年降**是指与上一年度的采购价格相比，本年度采购价格的下降比例，它是采购的主要绩效指标，也是给采购工作最多压力的指标。

除非在一个部件初始定价时，供应商的利润空间较大，否则每年降 5% 或者更多是很不容易完成的。除非产品更新换代很快，2~3 年就停产。

在很多竞争激烈的行业，采购经理能够完成年降指标才可留任，否则很快会被要求走人。

（2）**议价**是指最终的订单价格相比于供应商首轮报价中的最低价的下降

比例，它是用来衡量采购谈判能力的重要指标。

相比于年降指标，议价指标比较鸡肋。因为采购员可以暗地里通知所有供应商在首轮报价时考虑议价指标，都加上 10%，以便其完成议价指标。由于是变相"公平竞争"、送顺水人情，供应商一般都会答应而且保密。但是，如果不设这个指标，又无法体现采购在议价环节的贡献，所以目标不宜设置太高，否则就是在逼着采购员作假。

（3）**账期**是指本年度内所有供应商的平均账期跟上一年度比延长了多少天。

要想完成账期指标，采购经理就要优先找 A 类供应商谈。

（4）**供应商绩效**是指成本、交付、品质、服务等绩效指标跟上一年度比提升了多少。

例如，去年供应商绩效分数为 A 的供应商占比是 70%，分数为 B 的供应商占比是 20%，分数为 C 的供应商占比是 10%。今年的目标就应该是供应商绩效分数为 A 的供应商占比升至 80%，分数为 B 的占比降至 15%，分数为 C 的占比降至 5%。

（5）**赔偿款回收率**是指因供应商的过失给公司造成损失后，由采购跟进确保供应商及时足额缴纳赔偿款的绩效指标。

很多读者可能深有体会，现在赔偿制度越来越流行。如果你的客户有赔偿制度，你的公司也要有赔偿制度，以便将风险转移给供应商。但是，在现实工作中，有些问题往往不完全是供应商的责任。如果采购不背赔偿款回收率指标，容易帮着供应商说话。公司让采购背这个指标，采购就不会袒护供应商，以免影响自己的绩效。

（6）**按时下单**率是指采购在接到采购申请后，在规定时间内（一般是 3天）完成寻源和比价并下达订单的次数占总采购次数多少比例的绩效指标，关注点往往在间接采购。

间接采购的特点是订单多、时间紧，采购经理没有时间了解各订单的情况，往往是被使用部门投诉了才知道有紧急的物资没有按时买到。

有了按时下单率这个指标，采购经理就可以监控间接采购的总体情况。例如，采购经理看到有位采购员最近有 2 张订单超过 3 天完成，就可以询问一下原因，可能的原因是使用部门没有明确规格，需要供应商与使用部门沟通后确认规格。如果这样做，采购经理在被别的部门质问时，就不至于陷入被动。

（7）**部门预算**是衡量采购经理在薪资、差旅、团建及其他支出上不超过年初申报预算的绩效指标。

这个指标往往容易完成。但是，在此要提醒采购经理，**不要做得太好**。为什么呢？以差旅费为例，如果部门的实际花销远低于预算，你要鼓励大家出差，以便接近预算，这样明年你申请差旅费时就会容易很多。薪资也是一样的道理，在招聘时你如果跟 HR 一样卡薪资，只会让部门的薪资预算越来越低，最后只有 HR 高兴，你则会尝到员工满意度低、离职率高、加薪少的恶果。

那么，采购经理应该如何管理团队，确保绩效指标圆满完成呢？接下来将介绍快速提升采购部门绩效的实战方法。

### 1.QRQC

读者问："我是外企的采购部经理，最关心的是绩效和合规问题。我想从流程、授权和激励的角度来管好团队，是否可行？"

答案是不行。流程和正向激励固然重要，但采购管理者深入一线真抓实干更加重要。

下面给采购管理者支个招，帮助大家做到团队最优绩效。

QRQC 的全称为 Quick Response Quality Control，即快速反应质量控制，它是来自汽车行业的现场管理方法，用来每日跟进质量问题，确保所有质量问题在第一时间被解决掉。

采购经理应该使用 QRQC 日清表（见表 9-6），每天早上跟每一位下属沟通昨天任务的完成情况和今天必须完成的任务，及时为下属提供解决方案，确保各项任务及时完成。

表9-6　QRQC日清表

| 序号 | 任务 | 提出日 | 负责人 | 行动方案 | 进度 | 截止日 |
|---|---|---|---|---|---|---|
| 1 | 提交电子类、品类管理战略 | 2023/06/01 | 甲 | （1）统计上一年各供应商的采购额和供货绩效<br>（2）统计来年新增采购额<br>（3）计算采购额在每家供应商的占比<br>（4）决定新增还是缩减供应商 |  | 2023/06/30 |
| 2 | 外协塑料件 | 2023/06/07 | 乙 | （1）搜集新供应商信息<br>（2）认证与评估<br>（3）询价<br>（4）定点<br>（5）首样通过 |  | 2023/07/31 |
| 3 | 季度部门KPI报告 | 2023/06/10 | 丙 | （1）核对ERP系统中的信息是否完整<br>（2）从系统中导出Excel表，整理数据<br>（3）制作PPT |  | 2023/06/30 |

注：进度以颜色表示，本表中浅色代表绿色，深色代表红色，斜纹代表黄色。

说明：

（1）针对表9-6中的任务1，采购经理要每天了解一下进度，不必参与。

（2）针对表9-6中的任务2，采购经理必须知道哪个环节进度受阻（例如，在供应商的认证与评估环节，因为质量工程师没有时间考察新供应商导致项目拖延），这时采购经理需要出面与质量部经理沟通、协调资源，之后让采购员乙继续主导项目。

（3）针对表9-6中的任务3，采购经理很清楚采购员丙已经无法完成，必须自己亲力亲为。造成红色项的原因可能是信息系统搭建混乱，采购员无法取得必要的数据，如无法计算预算目标完成率等。这时，为了赶上截止日，采购经理需要全程指导采购员查阅所有纸质文件，手动统计预算目标完成率，最终按时完成季度部门 KPI 报告。

### 2. KPI Dashboard

**KPI Dashboard 即绩效指标仪表盘**。它将绩效指标中可以在短期内衡量的指标（如原材料降本、投资降本、平均账期等），还有其他需要监控的日常指标（如员工出勤率、办公室 5S 等）放在一个蜘蛛图里，看上去像一个仪表盘，如图 9-9 所示。

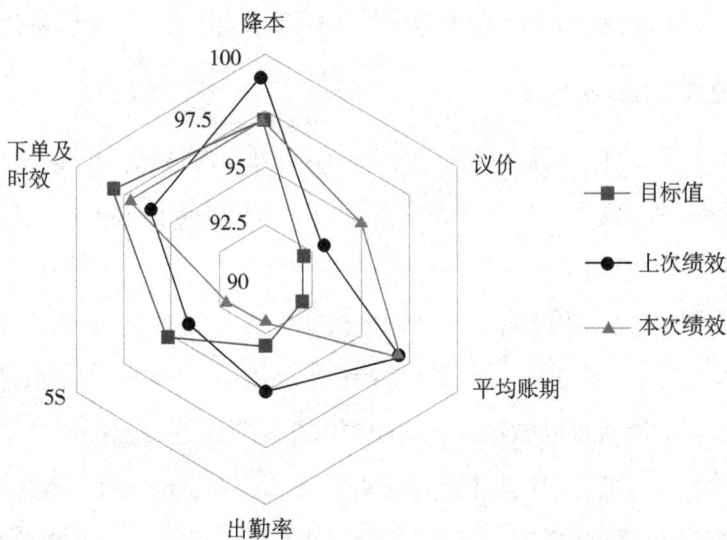

图 9-9  KPI Dashboard

KPI Dashboard 中要有目标值、上次统计的实际值和本次统计的实际值。在理想的情况下，本次的实际值应大于或等于上次实际值，而上次的实际值应大于或等于目标值，因为这体现了持续提升的结果。如果本次的实际值小于上次的实际值，即绩效下降，部门经理就要提醒采购员做自我改善。如果本次的实际值小于目标值，即没有达标，则必须分析原因，进行彻底整改。

KPI Dashboard 应该每周或每两周更新一次。部门经理要将该周期内的工作亮点和改善点加以总结，要求员工采取改善行动。

需要提醒的是，**对于 KPI Dashboard 里的每一个指标，部门经理都要指定负责人牵头整改。**

同时，KPI Dashboard 是很棒的报告，能够让上级对本部门的绩效和改善行动一目了然。因此，聪明的部门经理可以定期把 KPI Dashboard 发给总经理阅读。

对于采购数字化管理程度较高的公司，可以通过 BI 等手段将 KPI Dashboard 做成系统看板，实时反应指标结果，并对不达预期的指标实时报警，更好更快地辅助采购管理者做出决策并要求相应责任人牵头整改。

### 3. 降本优先级排序

请读者想一想，如果由你来领导采购部降本，应该怎么开展工作？

笔者见过一位采购总监天天指挥下属降本但是收效甚微。他是怎么做的呢？

他今天听别人说用循环包装替代一次性包装可以降本，就立即发动采购计算投入与产出，看看可以节省多少钱；明天听别人说不让供应商送货上门而是自己安排提货可以省钱，就立即要求采购做价格对比。他总是东一榔头、西一棒槌，时间长了就变成"狼来了"，员工和供应商都不重视了。

出现这种问题的根源是这位总监没有使用系统的方法，没有通过全员参与的方式做好降本规划。而**这个系统的方法就是邀请全员参与，通过头脑风暴对降本机会排序，再按次序一一实现**，如图 9-10 所示。

首先，管理者应该从降本金额大而实施难度小的项目开始，如用国产钢材替代进口钢材；其次，做降本金额小而实施难度小的项目，如通过需求整合扩大一次购买的订单量来买文具；再次，考虑降本金额大而实施难度大的项目，如跟供应商和研发一起做产品的价值工程，以便最大限度地降本；最后，在还有余力的情况下，研究降本金额小且实施难度大的项目，如优化装配结构以节省工时。

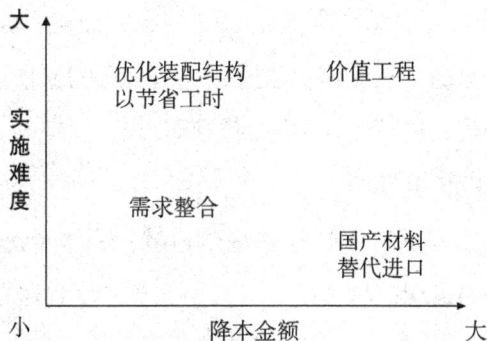

图 9-10　降本优先级排序

在全员参与的前提下，在正确方法的指导下，采购管理者可以最大限度地利用部门资源创造更多的降本业绩。

## 9.6　提升采购领导力的 7 个好习惯

大多数人认为采购工作就是买东西、谈降价。

很多公司把采购部设置在奇怪的组织下面，如财务部、运营部甚至研发部，把采购部视为不产生利润的辅助部门。

作为采购部的领导者，如果认同公司的观点，就无异于停止前进的脚步。

下面介绍 7 个提升采购领导力的好习惯，这些习惯可以帮助你实现个人和团队的提升。

一名优秀的采购领导者，不应将管理的重点放在如何让员工加班工作、如何更快地完成任务上，而应着眼于战略、流程、系统和利润的提升，从而提升采购部在公司的地位。

### 习惯 1：聚焦战略目标

随着采购职能的发展，越来越多的领导者倾向于增加采购部的战略目标，有的甚至达到三四十个。这导致战略目标在实际工作中失去指导意义，员工不知道重点是什么。

正确的做法是只考虑两个因素：一是公司的痛点，如紧急采购任务太多，这时需要分析原因，从流程上改进；二是公司的愿景，如在未来成为行业领先的高科技公司，这时要让供应商早期介入，制定供应链创新战略。不相关的战略目标都应该被取消。

对于目标的完成程度，要区分哪些要超越，哪些要达成。例如，降本、降库存都是要超越的目标，越多越好；部门预算和平均账期能够达成就好。

每一个战略目标都要有具体的实施方案。具体的某个方案，要么立项，要么定期讨论。

一旦目标制定完毕，领导者就不要轻易给员工增加其他任务，以免分散员工的精力。

### 习惯 2：拥有管理工具

很多采购领导者等着跟全公司一起上系统，如 ERP 或 OA 系统。但这会带来一个问题：全公司都上的系统多以满足公司的需求为主，而不是以满足采购的需求为主。

作为一个还没有 IT 管理系统的采购部，首先要拥有的是统计降本达成率的工具。

之后，采购领导者应推动公司高层将采购品类都集中到采购部管理。采购领导者要给高层一个承诺，让高层相信采购部能够创造更多的降本业绩，再通过统计降本达成率的工具不断汇报降本成绩。虽然这个过程定会阻力重重，但这是采购部从辅助部门发展为被高层另眼相看的部门，直至成为核心部门的必经之路。

### 习惯 3：从供应链中剔除浪费

采购如果一味挤压供应商的合理利润，就会导致优秀供应商离场，走回小采购之路。

优秀的领导者应与供应商协同降本，把不必要的浪费从供应链中剔除，通过 VE/VA、目录化采购、供应商早期介入等方法降本增效。

### 习惯 4：提升领导者的影响力

员工的工作投入程度取决于他们的意愿，而不是被强迫的程度。

在采购部发展到一定阶段后，领导者的影响力比知识更重要。因为影响力可以推动全员行动，而知识只能帮助有限的人。

因此，采购领导者要学习提升影响力的方法，让员工支持你，而不是在你背后拆台。

### 习惯 5：改变高层对采购部的看法

在推动采购部持续进步的同时，采购领导者要意识到公司高层、市场部、销售部、使用部门和相关员工对采购部的评价十分重要。

采购领导者要时时体现采购部创造的价值，而不是着眼于辅助工作，还要让 CEO 意识到采购部是利润创造部门，而不是支持部门。

采购部应与销售部、市场部、研发部和运营部等部门并列为核心部门，而不是跟人力资源部、财务部、法务部等辅助部门并列。

### 习惯 6：以价值为导向

采购不仅要关注使用者需要什么东西，还要知道其用途，以便提出增值的建议。

采购部应以提升供应商的绩效为导向，基于使用部门的要求，比较总拥有成本。

### 习惯 7：以公司目标为导向

采购领导者应跳出部门的绩效指标，从公司的目标出发思考问题。

例如，采购领导者不应只关注降本，还要关注公司的投资回报率，用降本总金额除以公司总支出得到的百分比可以体现采购对投资回报率的贡献。

采购领导者要将成本降低与规避视为对利润的贡献，定期向 CEO 和财务汇报。

如果公司的利润率只有 5%，那么销售多卖 20 元只相当于采购节省 1元，这充分显示了采购的重要性。采购领导者要让高层相信采购能够为公司创造利润。

希望上述 7 个好习惯能对你有所帮助。

一个人如果总是一成不变地工作，即使工作 20 年，积攒的经验也不过 1 年而已。

你会选择改变自己，成为更优秀的领导者，还是期待别人引领你呢？

采购管理是一场没有硝烟的战争的案例，扫描右侧二维码即可查看。

## 9.7  协调、协商与协同

本章的最后一节将介绍对采购的职业发展最有帮助的知识点——协调、协商与协同。

在你学会采购实战技能之后，限制个人发展的往往不是完成工作的能力，而是与他人合作的能力。

在笔者授课的过程中，学员最常问到的问题是："我该怎么规范需求部门的采购申请？"

这个问题反映的痛点是：

（1）对于标准品，需求部门经常无法提出准确的规格和标准；

（2）对于定制品，设计往往无法提供合格的图纸；

（3）对于组装品，研发常常无法在询价和定点前提供完整的 BOM。

以上 3 个痛点产生的原因是，产品开发管理和项目管理的过程不对、方法不灵，导致一系列问题产生，如图纸管理缺失、没有人指导设计、没有人审核图纸。常见的现象是，上级领导只会施压，不会解决问题，干活的乱成一团。更有甚者，各个部门之间树起高高的围墙，互相拆台。

这不是采购部单独面对的问题，在这样的环境里，所有的人都很痛苦。

我们会看到，设计需要反复修改图纸，每天加班到很晚；质量得不到设计输入，无法完成产品检验报告；计划也跟着反复修改。

在这样的环境中，采购单方面要求需求部门完善需求信息是一种砌墙行为。其言外之意是，你们不要把问题带到采购端，自己解决好再来找我。这使得采购更加容易被孤立。反过来想一想，如果需求部门果真有这种能力，那么问题早就解决了。

采购到底应该如何解决整个公司的流程不对、方法不灵的问题呢？笔者认为只能通过协调、协商和协同来解决。

作为供应链的协同部门和外购件采购的主管部门，采购部在看到前端各个部门之间职责不清、互相推诿时，应当主动协调，而不是拿缺失的流程说事。在协调的过程中，要尽量与每个参与者协商一致，达成共识。在大家达成共识之后，采购要与大家协同前进，相互扶持。

只有这样，大家才能克服组织的缺陷，帮助公司取得更大的成果。

请思考，在面对这种情况时，你能做好协调、协商与协同吗？

# 后记

从 2019 年到 2024 年，我在 6 年间创作了 6 本书、合著了 1 本书、翻译了 1 本书，又迎来了第一部畅销书的再版。从这些书中，大家不难看出我的执着与成长。于是很多人问我，是什么让你的人生发生了如此大的转变，从一名平凡的采购职业经理人，转型为采购与供应链管理咨询顾问、讲师、高管教练、作者和译者？

**"人生苦难重重"**，这是斯克特·派克在其著作《少有人走的路：心智成熟的旅程》中提到的伟大真理。其伟大之处在于，一旦我们领悟了这句话的真谛，就能够面对生活、自我实现。

我曾陷入人生低谷，在一年的时间里接连遭遇工作丢失、创业失败、朋友反目、家人否定，于是我在较长的一段时间内陷入强烈的自我怀疑和自我否定，甚至需要寻求心理医生的帮助。但是，即使在最绝望无助的时候，我都没有停止读书和学习，并且抓住一切机会与优秀的人交流。这些事情改变了我对这个世界的认知，我开始重新思考自己与他人、与世界的关系，总结优秀者的成功之道。慢慢地，我领悟到了自律的重要性，因为**所有比我优秀的人，都比我更自律**。

我认为，**人生的高度是由自律的程度决定的**。自律的价值体现在面对人生难题的时候，自发前进，积极想办法，而不是逃避。只有为解决难题而努力，人的思想和心灵才会不断成长，心智才会不断成熟。

想要做到高度的自律，我们需要理解自律的四个原则，分别是**延时满足、承担责任、忠于事实**和**保持平衡**。

**延时满足就是不贪图暂时的安逸，先苦后甜**。在我写第一本书《我在500强企业做采购：资深采购经理手把手领你入行》时，我用了1 000个小时，修改了70多遍。这个过程比较痛苦，因为没有人能够理解我，我也不知道能够收获什么。但这本书出版之后，我看到很多采购从业者的正面反馈，便享受到了极大的快乐。因此，想要实现高度的自律，第一个原则就是要努力解决难题，延时满足。

**承担责任就是明白我们生下来就要对自己负责**。在做采购经理的时候，遇到工作问题，我常常抱怨设计、质量或采购人员不够负责，抱怨供应商无能，这是一种不想承担责任、把问题归咎于别人的表现。离开这个岗位后，**我发现除了我需要对自己负责，在这个世界上没有任何人需要对我负责**。只有增强自己的问题解决能力，我才能走出人生低谷。正如美国作家埃尔德里奇·克里佛所说：**"如果你不能解决问题，那你就会成为问题"**。

**忠于事实就是勇敢面对现实，而不是企图逃避**。在我经历了诸多不幸的那一年，有几位朋友与我有相似的遭遇。现在看来，除了我自己选择了一条少有人走而艰难的路，不断披荆斩棘、有所收获之外，其余的朋友都一蹶不振。与我不同的是，他们都在寻找快速成功的路，如希望投资某个项目就能一劳永逸地获得稳定收益，或者跟着某位公司负责人就能轻松赚大钱，结果就是白白浪费了大把时间，个人没有发展，直到放弃一切努力。

为什么他们难以忠于事实呢？

**因为人的成长过程就是与痛苦斗争的过程**。从小学到中学、大学，再到进入社会、谈恋爱、结婚生子、为人父母，这些人生阶段都在不断地改变我们的世界观，同时世界也在不断变化，越来越多的新事物不断取代旧事务，好不容易建立的世界观又遭遇冲突，陷入迷茫，这给我们带来极大的痛苦。于是，有些人宁愿相信谎言，也不愿意面对事实。因为逃避痛苦是人类的天性。只有通过自律，我们才能逐渐克服现实的痛苦，逐步成长。

怎样做才算忠于事实呢？

首先，**要不断进行严格的自我反省**。在最低谷的那一年，我把很多时间花在自我反省上，我为什么会遭到排挤？为什么会创业失败？为什么会失去朋友？为什么会令家人失望？渐渐地，我开始正视自己的缺点，不再关注别人的缺点。通过深刻的自我反省，我明白了自己需要做出哪些改变，才能变得更加优秀。

其次，**要勇敢接受外界的质疑和挑战**。做到这一点需要很大的勇气。

到这里，你是不是觉得自律是一项艰苦而又困难的任务呢？

这就是为什么第四个原则是保持平衡，因为自律要把持得当，过量或过少都不好。

例如，做人就要一直延时满足，不能享受当下吗？

当然不是，在读书和写作的过程中，我会不时地奖励一下自己，在达成进度的前提下允许自己拿出一天时间打游戏或看电影。

还有，是不是所有的责任都要自己承担？

不是,**我们要学会分辨责任的轻重**。例如,在提供咨询服务过程中,我的方案有时会受到客户的质疑,对于重要的部分,我会坚持说服客户;对于无足轻重的部分,我会妥协。要想保持平衡,就要学会放弃,放弃的过程就是心智成长的过程。

总之,**人生的高度取决于自律的程度**。在面对不幸与痛苦的时候,要勇敢地去面对、承受并解决。唯有接受事实,人生才会像喝茶一样,虽然刚入口会有点苦,但在细品之后就能体会到回甘的愉悦。

**自律比天赋更重要!愿每一位采购从业者都能通过自律走上人生的成功之路,最终实现梦想。**

需要特别声明的是:

3.1 节《竞争性谈判的 10 条经典战术》的主要知识点参考了盖温·肯尼迪先生的著作《谈判是什么》;

4.2 节《22 个真实的诉讼案例》的部分内容参考了资深律师张福东先生的课件"采购合同风险规避与案例分析";

6.1 节《品类管理概述》和 6.4 节《品类战略制定五步法》的知识点参考了屈化田老师的课件"如何制定产品品类管理战略";

8.1 节中《美日中企业的供应链管理差异》的内容和图片参考了孙一鸣老师的课件"供应链讲解"。

在此谨向无私奉献知识的老师们致以最崇高的敬意!

最后,我要向一路走来默默支持我的个人和组织表达由衷的谢意。

感谢暴雪女士主笔小故事《博弈》、葛永军先生主笔小故事《钢格板的询价与成本分析》。

感谢人民邮电出版社!

如果您有咨询、培训需求，请在微信公众号"采购实战家专栏"留言，我会及时与您联系。

我们下一本书见！

姜珏

2024 年 4 月 15 日